Antón Ponce de León Paiva

Der Weise
vom Heiligen See

Das Neue Wissen, das aus den Anden
zu uns kommt

© 2005 Anton Ponce de Leon Paiva

Umschlagfoto: Stella Fuse
Umschlaggestaltung: Sergio Kern
Deutsche Bildbearbeitung: Carola Gaulke

Übersetzung: Ellinor und Günter Jahn

Lektorat: Rainer Lange

Herstellung und Verlag: Books on Demand GmbH, Norderstedt

ISBN 3-8334-3780-4

Danksagung

Ich danke Regia, meiner Frau,
und der Freundin Gaby,
für all ihre Liebe und Unterstützung.

Ich danke Giorgio, Zoilita, Lulu und Maria
für ihre Hilfe bei der Korrektur.

Widmung

Dieses Buch ist gewidmet meinen Kechua-Meistern,
all denjenigen, die die Weisheit der Anden kennen lernen und verstehen möchten,
und all denjenigen, die um die Wiedererlangung unserer Identität bemüht sind, - unserer Identität, die in der uralten Geschichte unseres Volkes – wie in allen Völkern – verborgen liegt.

Inhalt

Vorwort zur deutschen Ausgabe

Das Leben ist voller Überraschungen; immer wieder geschieht etwas Unerwartetes. So war es auch mit unserer ersten Begegnung mit Anton Ponce im August 1990, als wir von einem guten Freund in Anton Ponces damaliges Haus in Cusco geführt wurden – nicht ahnend, wen wir da kennen lernten und was sich alles später einmal daraus ergeben sollte.

Diesen Augenblick haben wir noch in sehr guter Erinnerung: Anton mit seiner Frau Regia, mit tiefer Herzlichkeit uns begrüßend, und in Regias Armen ein kleines Menschlein, ein Findelkind, das vor kurzem zu ihnen gekommen war und dem nun mit viel Liebe über eine schwere Krankheit hinweggeholfen wurde. Und Regia erzählt uns dessen kurze Lebensgeschichte: Vor wenigen Monaten, in der Weihnachtszeit, hörten sie um Mitternacht draußen ein Wimmern, sie entdeckten in einem Baum vor ihrem Haus (in dem kürzlich gegründeten Kinderhof „Samana Wasi" in dem kleinen Ort Urubamba im „Heiligen Tal" der Inkas in Peru) in den Zweigen ein Bündel, und das war dieses kleine Lebewesen, das Regia nun in ihren Armen hielt.

Im Laufe der Jahre entwickelte sich ein enger freundschaftlicher Kontakt zu Anton und Regia. Nach und nach erkannten wir immer mehr die tiefe Weisheit, die aus Anton sprach. Und schließlich reifte der Entschluss heran, sein Wissen, das seinen Niederschlag in verschiedenen Editionen in bisher vorwiegend romanischen

Sprachen gefunden hatte, auch an interessierte deutsche Leser weiterzugeben. Im Jahre 1992 war ja bereits die erste deutsche Übersetzung seines ersten Buches von anderer Seite im „Aquamarin Verlag" erschienen mit dem Titel „Die Sonnenbruderschaft".

Die Quelle von Anton Ponces Wissen sind alte Weise, die in kaum zugänglicher Berggegend der Anden Perus unerkannt im stillen leben und als Träger tiefer Weisheit der Menschheit zu einem erweiterten Verständnis ihrer Rolle aus kosmischer Sicht verhelfen möchten.

Anton Ponce ist seit Jahren in Kontakt mit diesen alten Weisen; sein erstes Buch handelt von dem Beginn ihrer Belehrungen an ihn und den Einweihungen in kosmisches Wissen. Die Gründung des Kinderdorfes „Samana Wasi" (1989) beruht auf der tiefen Einsicht, dass spirituelle Inhalte nichts Abstraktes, kein Selbstzweck sind, sondern in der konkreten Wirklichkeit (mit beiden Füßen auf der Erde) sich im Dienen bewähren müssen – in diesem Falle: verlassene Kinder aufzunehmen und ihnen ein Heim zu geben.

Diese vorliegende Ausgabe ist nun die Übersetzung eines weiteren Buches von Anton Ponce („el anciano en el lago sagrado", 2002); es stellt unser heutiges Selbstverständnis als Menschen in einem weiteren historisch-geistigen Zusammenhang(„Woher kommen wir?") und weist uns den Weg in die Zukunft („Wohin gehen wir?"). Dabei helfen uns gerade die aus der Reflexion der Menschheitsgeschichte gewonnenen Erkenntnisse, bewusster und klarer die Anforderungen der Gegenwart zu verstehen und uns eine Orientierung in „das Neue" hinein zu geben.

Und worin dieses „Neue" sichtbar werden kann, konnten wir selbst erfahren, als uns Anton Ponce eines seiner außergewöhnlichen Erlebnisse erzählte und dabei ein in Leder gearbeitetes Porträt eines alten Mannes zeigte (siehe Rückseite des Buches): Während einer Vortragsreise in Chile hatte eine junge Frau, die Lederarbeiten herstellte, ihm dieses Bild überreicht; sie berichtete ihm, sie habe immer wieder innerlich dieses Gesicht gesehen und gewusst, es sei für Anton Ponce bestimmt, den sie bisher noch nicht kennengelernt hatte – ohne zu wissen, wen sie dargestellt hatte. Anton Ponces Überraschung können wir uns vorstellen, als er darin seinen alten Meister wiedererkannte, der ihn vor lange Zeit belehrt und eingeweiht hatte (wie in seinem ersten Buch berichtet).

Diese Erzählung war für uns ein weiteres Beispiel für die neue Art und Weise, wie scheinbar „zufällige" Begegnungen auf inneren Ebenen sich anbahnen und Menschen intuitiv einander am richtigen Ort zur richtigen Zeit begegnen und dies als eine beglückende und bestätigende Erfahrung erleben.

Die Idee, dieses Buch auf Deutsch herauszugeben, hat sich auch für uns im richtigen Moment „ergeben".

Wir haben mit viel Freude übersetzt, sind wir doch dadurch – durch das Einfühlen in die entsprechende Übertragung – mit dem Anliegen dieses Buches immer vertrauter geworden. Wir hoffen, dass in gleicher Weise die Leser der Essenz dieser Inhalte näher kommen und den Bezug zum eigenen Leben dadurch wiedererkennen.

im Juli 2005

(Übersetzung: Ellinor und Günter Jahn)

Vorwort

In meinem Inneren gibt es etwas („Inti" – wie unsere Kechua-Vorfahren sagten), das mich drängt zu schreiben, Zeugnis abzulegen und schon seit vielen Jahren ein Thema zur Sprache zu bringen – ihm Leben zu geben, Gültigkeit, Aktualität, voller Zuwendung und Achtung.

Es bricht sich in mir Bahn und verwirklicht sich im geschriebenen Wort: Die Vergangenheit ist es, die uns hilft, Werte zu schaffen für die Zukunft – kein Schwanken zwischen Vergangenheit und Zukunft, sondern sich der Gegenwart erfreuen, um das Leben zu schätzen.

Alle Unentschlossenheit schwindet; wir schreiten von neuem in die Dimension der Vergangenheit und beginnen mit den Nachforschungen.

Unbekannte Spuren, von der Zeit vergessen, verwirrend manchmal... Zeichen einer magischen und kraftvollen Vergangenheit, ständig Frieden und Harmonie bewirkend, in einem Volk, das Glücklichsein kannte.

Wenn wir mit Hilfe unserer Vorstellungskraft in diese Zeit zurückgelangen, fühlen wir unweigerlich Wehmut... dennoch müssen wir zur Gegenwart zurückkehren und uns dessen bewusst sein, dass die Vergangenheit nur eben anders ist... Sie gibt uns die Möglichkeit, in sie einzutauchen; sie gibt uns das unverdiente Geschenk, Zugang zu besonderen Orten zu erlangen... Warum?... Die Verantwortung ist sehr groß, fast zu groß für uns, aber wir nehmen sie auf uns voller Demut und Entschiedenheit.

Daher bitte ich meine Leser, dass dieses vorliegende Werk nicht Teil einer verstaubten Sammlung in einer Bibliothek werde neben anderen Romanen, nach dem Durchlesen in zwei Tagen...

Dies wurde geschrieben, um unsere Wurzeln wieder zu finden, die Wurzeln einer einzigen menschlichen Familie auf dieser Erde, wenn wir uns auch zur Zeit noch als Einzelwesen empfinden...

Dies bedeutet keine Rückwendung. Unsere Wurzeln in der Vergangenheit müssen das HEUTE mit Kraft erfüllen und mit jenem Feuer, das keine Lauheit zulässt, sondern mit dem rechten Sinn für Wahrheit, mit dem Ziel, die Vergangenheit lebendig werden zu lassen und alles in Vergessenheit Geratene im Herzen zu erwecken.

Wie meine beiden früheren Bücher, so ist auch dieses eine Wiederbegegnung, eine Reise zwischen Vergangenheit und Gegenwart.

Gewiss, wir leben einen Traum! – Dennoch – der Alte Weise war da – und während er sprach, verschwand die Zeit... oder... sie erschien kurz... oder vielleicht war es eine andere Zeit...

Das, was zählt, sind seine Belehrungen. (Urteilt nicht mit der Strenge eures Verstandes...)

Der Autor

Kapitel I
Die Begegnung

Ich beginne mit dem Sonnenaufgang am siebten Tag am Heiligen See[1] - ich stand sehr früh auf, da ich voller Anspannung und Unruhe war – warum? fragte ich mich. Es gab keinen einleuchtenden Grund dafür; ich arbeitete voller Freude und Frieden an dem Abschluss meines Buches „Auf der Suche nach dem Alten Meister"[2]; außerdem fühlte ich mich sehr verbunden mit dieser besonderen Tradition.

Dennoch verstärkte sich die unerklärliche Anspannung in mir. So entschied ich mich, das Hotel bei Sonnenaufgang zu verlassen. Die Sonne stieg hinter den eindrucksvollen schneebedeckten Bergen auf, voller Klarheit einen neuen Tag ankündigend, die Wiedergeburt des Lebens, den Beginn von Aktivität.

Dieser See – zutiefst mysteriös – trägt den Namen Titicaca; dieser Name kommt von Tete Quaqua: Puma aus Stein... Tausende von Jahren sind vergangen, und heute schließlich, dank wissenschaftlicher Fortschritte, wird durch Satellitenfotos bestätigt, dass der See tatsächlich die Form eines Puma hat...

---

[1] Der Titicaca-See, der höchstgelegene schiffbare See der Welt, in 3.852m Höhe, zwischen Peru und Bolivien gelegen
[2] Siehe „Weisheit der Anden - Band 2" des selben Autors

Im Hotel Libertador auf der Insel Esteves vor Puno, am Ufer des Heiligen Sees, fühlte ich mich herzlich aufgenommen und betreut. Das Hotel ist hübsch, gemütlich und ruhig, so gab es keinen Grund, mich angespannt zu fühlen.

Meine Entscheidung war getroffen: raus zu gehen trotz der morgendlichen Kälte (es war Winter); so richtete ich zuerst einmal meine Schritte zur Mole des Hotels, um die Frauen zu begrüßen, die dort Kunstgewerbe verkauften, und mit denen ich täglich plauderte.

Fast blieb mir der Atem stocken! Mein Herzschlag beschleunigte sich, klang wie ein starkes Trommeln... Das konnte nicht möglich sein!... Während ich die Steinstufen zur Mole hinab stieg, sah ich mit mehr Klarheit das Bild eines hoch gewachsenen Mannes, mit braunem Poncho, der seitlich als Verzierung einen grünen Streifen hatte; er trug Gummisandalen – hatte er weiße Haare?... Natürlich war er ein Kechua, aber... Nein, ich musste mich irren... Vielleicht hatte ich nicht gut geschlafen... War es mein Unterbewusstsein, das mich sehen ließ, was ich zu sehen wünschte?... Aber, in dem Maße, in dem ich mich ihm näherte – er stand mit dem Rücken zu mir, den See betrachtend -, nahm meine Erregung zu, meine Tränen ließen mich alles nur noch verschwommen erblicken... Ich beschleunigte meine Schritte..., Zweifel spielten keine Rolle mehr und... da drehte er sich um!...

- „Beruhige dich!" sagte er liebevoll, öffnete seine Arme, und streckte sie mir entgegen...

Ich lief auf ihn zu und mit aller Kraft und Liebe, die ich für ihn empfand, umarmte ich ihn, ohne ein einziges Wort herausbringen zu können... Ich weinte vor Rührung... Dieses Geschenk hatte ich vom Leben nicht erwartet!... Endlich verstand ich den Grund meiner Unruhe. Was für ein schönes Geschenk!... Es war mein Meister Amaru Cusiyupanqui...!

Es waren seit seinem Besuch in Samana Wasi[3] mehr als zwei Jahrzehnte vergangen. In jener denkwürdigen Zeit lebten meine Eltern noch. Aber wie konnte er wissen, dass ich am Heiligen See war?... Nun gut... Was für eine Frage!... Oder war die Begegnung ein Zufall?... Mit tiefen und liebevollen Augen blickte er auf mich und sagte endlich:

- „Du hast ja immer noch Zweifel. Vor langem schon sagte ich dir, Zweifel seien gut, sie bringen dich der Wahrheit näher. Aber ich sagte dir auch, kein Extrem ist gut; die Extreme schaden, du darfst nicht alles bezweifeln. Wir werden uns heute Abend unterhalten; ich muss ins Dorf zurück *(Dorf „A")*[4]. Erwarte mich um 8:00 Uhr in deinem Zimmer, und jetzt kehre zurück, du musst weiter schreiben."

---

[3] Von dem Autor gegründetes Kinderdorf in dem Ort Urubamba im Heiligen Tal der Inkas
[4] Dorf „A": im Urubamba-Tal, weit entfernt von Puno
siehe „Weisheit der Anden – Band 2"

Ich umarmte ihn noch einmal. Er war es – der Meister, mit der Ausstrahlung, die ich von ihm kannte. Mich schwindelte. An ihm waren die Jahre spurlos vorübergegangen, er war ein Wesen ohne Zeit, immer gütig und demütig, mit der Demut der Großen. Demut bedeutet nicht Sich-Kleinmachen. Es ist vielmehr so: Wir sind tatsächlich klein, wenn wir uns groß machen.

Ich weiß es nun, dass er mich an den See gerufen hatte. Ich fühlte mich sehr gut, vollkommen wiederhergestellt. Aber der Tag verging, ohne einen einzigen Satz an meinem Buch schreiben zu können; zu sehr war ich von Gefühlen überwältigt und die Zeit von 8:00 Uhr abends schien nicht näher zu rücken. Was für ein langer Tag! Es wurde überhaupt nicht dunkel.

Von meinem Zimmer im dritten Stock des Hotels aus hatte ich eine außergewöhnliche Aussicht auf den See. Täglich drangen die ersten Sonnenstrahlen – unseres Vaters Inti – beim Sonnenaufgang durch meine Fensterscheibe zu mir, und abends konnte ich nach dem Dunkelwerden kleine Lichter beobachten, die sich über die Wasseroberfläche bewegten, Lichter von kleinen Booten, die spät noch zurückkehrten, und in der Ferne, am Ufer des Sees, waren es die Lichter von Fahrzeugen auf den Uferstraßen.

Viermal klopfte es an die Tür! Das Klopfen riss mich aus meinen Betrachtungen, ich beeilte mich zu öffnen. Der Meister musste sich bücken beim Eintreten... ich lächelte,... er auch.

- „Immer habe ich dieses Problem", sagte er. Ich schaute auf meine Uhr: Es war genau acht Uhr abends!

- „Deine Gegenwart macht mich sehr glücklich", sagte ich zu ihm, „Viele Jahre habe ich dich nicht gesehen."

- „Wir sehen dich immer und wissen alles, was du tust... und auch das, was du nicht tust..." sagte er mit einem schelmischen Lächeln. – „Wir folgen dir auf deinen Schritten; du bist eine Verpflichtung eingegangen, niemand zwingt dich." – Dies sagte er voller Ernst.

- „Ich bereue das nicht, geliebter Meister Amaru", sagte ich, „ich bin auch Mensch und mehr als einmal irre ich mich. Doch ich weiß um die Verantwortung für die Gemeinschaft, in der ich lebe."

- „Ich glaube, endlich hast du dich unabhängig von dem gemacht, was die Leute so reden."

- „Ja, Meister, dies betrifft mich nicht mehr so wie zu Beginn. Dies war eine meiner Schwächen", antwortete ich.

- „Nun gut, aber bitte nenne mich nicht dauernd ‚Meister'. – Von morgen Abend an, zur selben Stunde, werde ich wieder kommen, um dich zu besuchen, aber nicht in der Weise, wie ich dies heute tue, sondern durch diese Fensterscheiben wirst du ein viermaliges Klopfen hören, das meine Gegenwart ankündigen wird, und du wirst mich nicht sehen, sondern nur hören. Diese Art des Kontaktes müssen wir üben, um ständig in Verbindung zu sein." sagte er.

- Das wird wahrlich eine recht schwierige Erfahrung für mich werden, - dachte ich -, wie mag das sein? Mehr als einmal hatte ich in meinen Vorträgen seine Gegenwart gefühlt und gespürt, wie seine Gedanken aus mir entsprangen. Schon früher hatte er zu mir gesagt: „Du wirst mit meinen Gedanken denken"... Vielleicht konnte ich aber nicht richtig hinhören...

- „Nun gut, du wirst lernen müssen, hinzuhören", antwortete mir Amaru, der „natürlich" meine Gedanken lesen konnte...

„Wasch dir gut deine Ohren" lächelte er. – „Tagsüber wirst du an dem weiter schreiben, was du dir vorgenommen hast, und nachts, für einige Stunden, wirst du mich hören und dir Notizen machen für deine nächsten Bücher."

Ich schaute ihn an und überlegte, ob er wohl scherzte. Nein, er wirkte ganz ernst.

- „Es ist wichtig, die Geschichte der Menschheit im Auge zu behalten, immer wieder hinzuweisen auf die Worte, die verloren gingen, und sie wieder ins Gedächtnis zu rufen für das rechte Leben", sagte er mit Nachdruck. „Wir sind auf die Erde gekommen, um glücklich zu sein. – Jetzt werde ich gehen, du musst dich ausruhen. Es ist schon spät in der Nacht." –

Er lächelte, stellte sich auf und umarmte mich mit kräftigem Druck, ich spürte seine menschliche Wärme, wie immer zutiefst von Liebe erfüllt...

Zwei Stunden waren vergangen. Ich wartete eine angemessene Zeit, vielleicht 15 bis 20 Minuten. Ich rechnete mir aus, dass mein Meister nun schon das Hotel verlassen haben musste; so ging ich hinunter zur Rezeption, um mich zu erkundigen, ob jemand nach mir gefragt hätte...

- „Nein, niemand hat Sie aufsuchen wollen, mein Herr", - antwortete der Angestellte.

Ich hatte es gewusst... ich wollte es nur bestätigt bekommen.

- „Möchten Sie, dass wir den Anruf an Sie weiterleiten, wenn jemand nach Ihnen fragt?"

- „Nein, vielen Dank. Ich glaube nicht, dass jemand noch zu dieser Stunde kommt", antwortete ich ihm.

- „Möchten Sie zu einer bestimmten Stunde geweckt werden oder haben Sie sonst einen Wunsch?"

- „Ich danke Ihnen herzlich. Ich brauche nichts. Bis morgen."

- „Bis morgen, mein Herr, eine gute Nacht!" – antwortete er mir.

Niemand hatte also den Alten Weisen eintreten sehen,... dies hatte ich vermutet. – Und morgen – wie wird er es schaffen, das Glas der Fensterscheiben zu berühren, das sich in ungefähr 6 bis 7 Metern Höhe befand?... Und schließlich, wie konnte er so schnell bis zum Dorf gelangen? Wird er morgen Abend wieder kommen?

Ich hatte meine Zweifel. Wenn ich sie (die Alten Weisen) auch gut kannte und wusste, wessen sie fähig waren, - ich wollte über weitere Möglichkeiten nicht grübeln... und schlief ein.

Da mich das Erscheinen meines Meisters sehr beeindruckt hatte, träumte ich, wie ich zum x-ten Male in das Dorf „A" gebracht wurde – jenen in meinem Leben so wichtigen mystischen Ort, nach dem ich mich so sehr sehnte. Die Gesichter der geliebten Alten Weisen Yupanqui Puma, Nina Sonquo, Amaru Cusi Yupanqui und andere, von denen ich erstaunliche Geschichten gehört hatte, waren gegenwärtig, als ob sie in diesem Augenblick physisches Leben wiedererlangt hätten, gemeinsam mit anderen lieben Wesen, die ich kannte, wie Ch'aska und einige weitere, mit mir über die Feldarbeit plaudernd. Es war noch einer dabei, der erzählte, er habe geträumt, weit vom Dorf entfernt zu sein und in großen Städten zu leben, aber dies wäre ja nur ein Traum, da ich mit ihnen im Dorf lebte.

Ich wurde wach durch die Geräusche von Leuten, die direkt unter meinem Fenster dicht beim Hotel Kartoffeln ernteten. Sie brachten mich in die Wirklichkeit zurück. Mit Gesprächen, Scherzen und Lachen vollzogen sie ihre morgendliche

Tätigkeit (die ländlichen Arbeiten beginnen immer schon sehr früh am Morgen), bis sie sie am frühen Nachmittag beendeten. Die Ehefrauen kamen mit dem Mittagessen. Alle verzehrten es gemeinsam. Da wurde ich von einigen entdeckt, wie ich sie beobachtete, und einige blickten zu mir hoch und luden mich mit einer Geste ein, herunter zu kommen. Das tat ich und teilte mit ihnen das reichhaltige Picknick -, mich dabei an ähnliche Momente im Dorf erinnernd.

Sie fragten mich, was ich in Puno mache, in diesem Hotel. Ich erzählte ihnen, dass ich über die unbekannte Geschichte unserer Vorfahren in den Anden ein Buch schrieb. Die Älteren schauten mich verwundert an, die Jüngeren begeisterten sich an meiner Erzählung. Niemals hatten sie von dieser Geschichte gehört; in der Schule lernte man was anderes. Als ich Manco Quapac und seine Frau erwähnte, als zwei Wesen des Lichtes, zwei Weise, die von ganz weit her gekommen seien, den Heiligen See überquerend, da stimmte einer der Jungen zu, nickte mit dem Kopf und mit höchstem Interesse sagte er, dass er eine gleiche Geschichte gehört habe von einem sehr alten Aymara[5], der schon gestorben sei.

- „Dieser Mann wusste viele Dinge, aber niemand glaubte ihm. Einige lachten nur über seine ‚Märchen'. Sie sagten, er sei verrückt", bemerkte der Junge mit Bedauern.

- „Wirklich sehr bedauerlich!" sagte auch ich, „sie hätten ihm zuhören sollen. Sicherlich

---

[5] Volk im Hochland von Peru und Bolivien

kannte er die Geschichte, wie man sie heute nicht mehr weiß..."

Ich dankte ihnen für die Einladung zum Essen und kehrte auf mein Zimmer zurück. Auch sie zogen sich zurück, die gute und reichliche Kartoffelernte mit sich nehmend.

Es wurde schon dunkel. Ich saß, wie in all diesen Tagen, dicht am Fenster und fuhr fort zu schreiben, betrachtete die Schönheit des Sees und die Gegend, wo die Bauern während des Vormittags und bis zwei oder drei Uhr nachmittags die Kartoffeln ausgegraben hatten.

In diesem Moment erschien eine Frau mit drei kleinen Kindern an ihrer Seite und einem auf ihrem Rücken. Ich dachte, dass sie spazieren ging oder einfach auf dem Heimweg war, - aber nein, sie blieb dort, legte ein Tuch zwischen die offenen Ackerfurchen und bettete das kleine Wesen darauf, das sie auf ihrem Rücken getragen hatte, dann machte sie sich mit den übrigen drei Kindern daran, Kartoffeln zu suchen, indem sie die am Morgen schon bearbeitete Erde von neuem durchwühlte um etwas zu essen für sich und ihre Kinder zu finden. Sie schaute in alle Richtungen, während sie nach Kartoffeln suchte, in der Hoffnung, dass vielleicht niemand sie entdecken würde...

Ich fühlte Mitleid mit ihr. Es fing an, dunkel zu werden, die Nacht nahte. Die Frau beeilte sich, schnell noch mehr einzusammeln, da der Tag dahinschwand. Ich konnte sie nicht mehr sehen...

Meine Gedanken verweilten bei dieser Frau – und auch bei meinen dreißig Kindern in meinem Kinderdorf „Samana Wasi". Ich glaube, die Meinen hatten mehr Glück, aber diese hier... hatten ihre Mutter...

Und so verschwand sie, und es nahte die von meinem Meister Amaru angekündigte Stunde.

Meine Uhr zeigte Punkt acht Uhr abends. Es vergingen einige Minuten und ich hörte nichts... drei, vier, fünf weitere Minuten!

Da fühlte ich in meinem Kopf vier mal den Klang eines Gongs, der mich vom Bett aufspringen ließ, auf dem ich saß, die Fensterscheibe beobachtend. Das war so stark, dass ich davon erschüttert wurde; ich dachte, mein Kopf würde platzen. Dann hörte ich, wie durch Kopfhörer, die Stimme des Alten Weisen!

- „Jetzt erst ist es acht Uhr; deine Uhr geht fünf Minuten vor, überprüfe sie mit dem Hotel!" sagte er, und ich stellte mir vor, wie er dabei lächelte.

Was war mit meiner Uhr los, wenn sie gestern mit der Hoteluhr vollkommen übereingestimmt hatte? (Später kontrollierte ich das – und wahrhaftig, sie ging fünf Minuten vor!)

- „Dann sieht das alles ja ganz einfach aus", dachte ich nervös.

- „Zuerst muss ich dir ja wohl die Ohren reinigen, sie sind sehr schmutzig", sagte er scherzhaft; ich glaubte, sein Lachen zu hören.

Unglaublich! Ich hörte ihn in vollkommener Weise, und natürlich war jenseits der Scheibe niemand..., nur mein eigenes Gesicht, das sich darin, wegen des Lampenlichtes im Raum, spiegelte.

- „Wir wollen keine Zeit verlieren. Höre genau hin, was ich dir nun erklären werde. Ich möchte sehen, ob du in der richtigen Weise diese Karte[6] dieses großen Landes (der versunkene Kontinent Mu) zeichnen kannst, unsere Pachamama *(=Mutter Erde)* im ‚Großen Fluss'" *(Pazifischer Ozean)."*

Ich versuchte, das zu „sehen", was Amaru mich sehen lassen wollte. Nach einigen Korrekturen, die eine geraume Zeit in Anspruch nahmen, war er schließlich mit meiner Zeichnung zufrieden. Australien war dabei nicht Teil dieses Kontinentes Mu, lag aber in der Nähe. Weitere heutige Inseln bildeten damals einen Bestandteil dieses „Giganten des Pazifik".

---

[6] Siehe Karte Seite 25

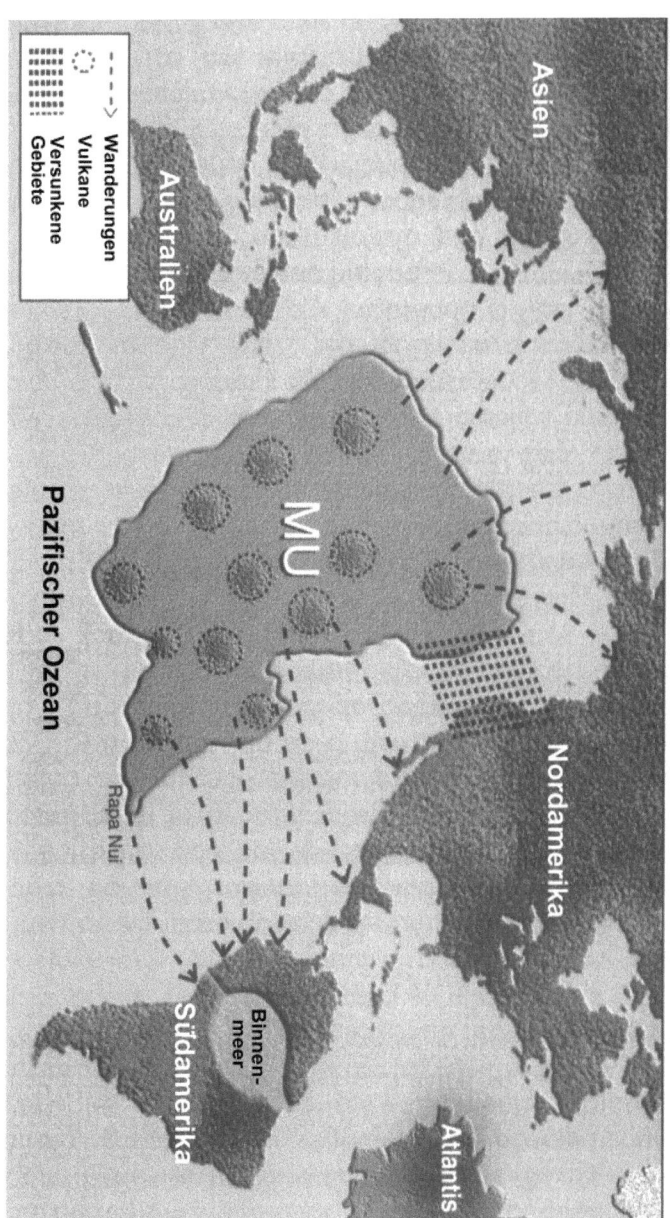

Asien

Australien

Pazifischer Ozean

MU

Nordamerika

Rapa Nui

Südamerika

Binnen-
meer

Atlantis

Wanderungen
Vulkane
Versunkene
Gebiete

25

Der nördliche Teil von Kalifornien in den heutigen USA, genauer gesagt von San Franzisko bis Mount Chasta[7], bildete einen wichtigen Teil von Mu. Dies war auch der zuerst versinkende Teil, und so trennte sich Mu von „Amaraka" (=Amerika).[8]

Die Osterinsel (Rapa Nui), in Polynesien gelegen, war der äußerste Südosten von Mu. Heute gehört sie zu Chile, sie liegt fünf Flugstunden von Santiago de Chile entfernt. Auf dieser Insel befindet sich noch heute – mit viel Ehrfurcht von ihren Bewohnern als heiligen Ort betrachtet – eine Mauer, die den Mauern von Saksayhuaman[9] sehr ähnlich sieht. Was will uns dieses stumme Zeugnis erzählen?...

Und schließlich waren viele Inseln und Archipele des Pazifik Teil dieses riesigen Kontinentes Mu, der (wie meine Meister sagen) der Ursprung aller menschlichen Rassen war, die später die Erde besiedelten. Diese „Kosmische Vision" der Geschichte unserer Erde beinhaltet, wie nach und nach sich spirituelle Gemeinschaften bildeten, sich den verschiedenen Gegenden der Erde anpassten und dort im verborgenen lebten, wie sich Initiations-Schulen und schließlich

---

[7] Ein Gebirge, das heutzutage von den Einwohnern dort und den Besuchern besonders verehrt wird
[8] Siehe „Weisheit der Anden – Band 2"
[9] Große Kultstätte der Inkas bei Cusco in den Anden Perus

Religionen bildeten und an bestimmten geometrischen Punkten der Erde sich ausbreiteten... nur wenigen bekannt... Die Wahrheit liegt im Menschen verborgen...

Die Idee von Mu wandelte sich von einem nicht beweisbaren Traum zu einer unwiderlegbaren Tatsache, - man findet sie in den Erzählungen der Traditionen der alten Kulturvölker, verborgen im Inneren der Erde selbst, eifrig gehütet von Weisen wie unseren Kechua-Meistern, aufbewahrt in dem historischen Gedächtnis der Mehrheit aller Kulturen überall auf der Welt... Das führt uns dazu, **einen** Ursprung der gesamten Menschheit anzunehmen.

Als Mu langsam im Pazifik versank, brachen in Eile Expeditionen in Richtung Osten und Westen des riesigen Kontinents auf, um ihre Kultur zu retten.

Diejenigen, die nach Amaraka gelangten, also nach Osten, bildeten den Ursprung für die Reiche in den Anden und ebenso die Reiche der Mayas, der Azteken, der Atlanter[10] und der Ägypter. Die nach Westen gelangten, das heißt nach Asien, bildeten die Grundlage für all die asiatischen Kulturen, einschließlich Tibet, wo noch heute Schriften über diese historischen Ereignisse existieren...

Die Besiedlung verlief überall friedvoll und ganz ohne Gewalt; all die Stämme, auf die die

---

[10] Die Bewohner des später ebenso versunkenen Kontinentes Atlantis

Murianer[11] trafen, nahmen ihre Lehren an. Dies ist der Grund, warum überall das selbe Lebensprinzip erkennbar ist: der gemeinsame Ursprung in den Initiations-Schulen und den darauf folgenden Religionen.

Bei all diesen Kulturen gibt es nur **einen** Gott – wohl mit verschiedenen Namen – als Ursprung der Schöpfung, des Schaffens von Leben, der geistigen und schließlich der materiellen Schöpfung.

Gott gab Gesetze für das Leben in dieser Schöpfung, kosmische Gesetze, die seitdem Gültigkeit haben für die gesamte manifestierte Welt. Darüber hinaus – so sagen die Alten Weisen – gibt es weitere Gesetze, die uns noch unbekannt sind. Die Erfüllung der den Menschen gegebenen Gesetze verhilft zu einem glücklichen Zusammenleben. Wenn wir Irrtümer begehen, laden wir Schuld auf uns, die wir in jedem Fall begleichen müssen. Beachten wir die Gesetze nicht, folgt darauf Unglücklichsein. Dies ist die Grundlage jeglichen tieferen Verständnisses...

- „Es sieht so aus, als ob du sehr gut behalten hast, worüber wir früher gesprochen haben" – hörte ich ihn sagen. „Tatsächlich wird unser Voranschreiten abhängen vom Verstehen und Beachten der Gesetze. Sie sind äußerst milde und gerecht. Voranschreiten bedeutet Wandel unserer inneren Einstellung. Wenn unser Geist sich wandelt, hilft uns dies bei unserer Entwicklung. Wenn

---

[11] Die Bewohner von Mu

diese Haltung von Liebe bestimmt ist, dann wirst du immer schöpferisch sein... denn die Liebe ist schöpferisch: heute das tun, was du heute tun musst."

- „Verschiebe nicht auf morgen, was du heute kannst besorgen", dachte ich im Stillen.

- „Das, was du gerade dachtest, ist nicht vollständig richtig!" – hörte ich die Stimme meines Meisters. „Es ist nämlich auch nicht richtig, heute das zu tun, was du morgen tun sollst... Du musst in der Gegenwart leben, so lautet das Gesetz. Manche versuchen voller Anspannung und Nervosität heute schon das von morgen zu tun – und das ist nicht gut. Das vom Montag tue am Montag. Nimm dir nicht vor, das vom Dienstag am Montag zu tun; für diese Arbeit gibt es den Dienstag...

Wenn du jede Arbeit ihrem Tag entsprechend verwirklichst, wirst du unnötige Erschöpfung vermeiden. Schenke dem gegenwärtigen Augenblick deine Aufmerksamkeit und sei auch körperlich dann am selben Ort, nicht, wie es so oft geschieht: Dein Körper ist in Puno, und dein Geist ist in Cusco..."

- „Warhaftig, da hat der Meister wiederum Recht" – dachte ich -, „man muss nicht immer schon heute erledigen, was morgen getan werden muss. Die Übertreibung von Arbeit ist nicht immer produktiv. Das von heute reicht für heute..."

- „Morgen machen wir weiter" – hörte ich den Meister sagen. „Bis morgen, nun geh schlafen!" Und die Stimme entschwand.

Ich konnte es kaum glauben... ich konnte ihn mit solcher Deutlichkeit hören. Als er zu mir über die Landkarte sprach war es mir, als ob ich sie in meinem Kopf sehen könnte, genauer gesagt in meiner Stirn, als ob ich durch ein Fenster schauen würde...

Zweifel, so hatte mir ein anderes Mal Amaru gesagt, ist gefährlich, wenn er übertrieben wird; er kann sich in Misstrauen verwandeln und dann gefühlsmäßig in Argwohn – und der ist zerstörerisch.

Das, was der Meister in mir bewirkte, war ein Öffnen neuer Kanäle der Kommunikation, die ich noch nicht kannte. Jetzt weiß ich, dass dies möglich ist – und ich erlebe es...

Kapitel II
Mu: Hatun Pachamama
(„Die Große Mutter Erde")

Am folgenden Tage fand die Verabredung zur selben Stunde statt, um acht Uhr abends, und am darauf folgenden ebenfalls, bis zu dem Tag, an dem ich nach Cusco zurückkehrte, das heißt nach Samana Wasi.

- „Wie ich dir bei anderer Gelegenheit schon sagte, solltest du dir merken – denn so manches Mal hast du es vergessen", so sagte mein Meister, „dass der Meister Manco Quapac und seine Gattin Mama Ocllo, ebenfalls eine Meisterin, von sehr weit herkamen *(nämlich von Mu)*. Sie überquerten den „Großen Fluss" *(Pazifischer Ozean)* und ließen sich in Tiwanacu[12] nieder."

- „Entschuldige, Amaru", unterbrach ich ihn, „wenn ich mich recht entsinne: Er brach von Mu auf als Gott Meru, gelangte nach Tiwanacu als Aramu Muru und überquerte den Heiligen See *(Titicaca)* als Manco Quapac."[13]

- „Mmm... sehr gut... auch das ist manchmal interessant – sich nämlich zu irren", sagte der Meister scherzend.

---

[12] Kultstätte am Titicaca-See in Bolivien
[13] Siehe „Weisheit der Anden – Band 2"

Dabei hatte ich das Gefühl, dass er sich absichtlich geirrt hatte, aus welchem Grund auch immer...

- „Viele Millionen an Einwohnern hatte diese Erde," *(60 Millionen ungefähr auf Mu, hatte ich in einem Buch gelesen bzw. auf einer Konferenz gehört)* „und das war sehr viel. Ebenso gewaltig waren der technische und vor allem der spirituelle Fortschritt, den die Murianer erlangten. Sie überlieferten an uns Tausende von Jahren an Erfahrung und Entwicklung" -, bestätigte mein Meister.

„Dieser riesige Kontinent, gelegen zwischen Amaraka und Asien, im Pazifischen Ozean, hinterließ Zeugnisse überall auf der Erde: in Indien, Ägypten, Babylonien, auf der Osterinsel *(Rapa Nui)*, Tahiti, Samoa, Hawaii, den Marquesa Inseln etc., das heißt auf vielen Inseln im Pazifik, ebenso in China, Tibet, Kambodscha und auf Borneo. Und auch in den westlichen Felsgebirgen von Nordamerika, Mittelamerika und Südamerika gibt es Reste, Symbole, Legenden, Steininschriften – Spuren, die ein Alter von 12 bis 70 Tausend Jahren dieses gigantischen Kontinents im Pazifik bestätigen.

Naturkatastrophen ließen diese Kultur in den Tiefen des Meeres versinken, mit sich reißend ganze Völkerscharen wie z. B. die Bewohner der Hauptstadt Uighur. Die alten griechischen Philosophen bestätigen in ihren Schriften, in ihren Legenden und in ihren mündlichen Überlieferungen dieses Geschehen. Auch Plutarch erwähnt ‚Täfelchen aus Stein und Ton', die als archäologische Zeugen von Mu sprechen. An verschiedenen Orten wurden diese Stücke gefunden – ein Puzzlespiel, das mit viel Vorsicht und Feingefühl zusammengesetzt werden muss. Es heißt auch, dass es im Britischen Museum in London drei Zepter aus dieser Zeit gibt.

In diesem Land voller Vulkane," – fuhr mein Meister fort - „gab es viele verschiedene Völker *(Nationen)*, die praktisch alle die selbe Sprache verwendeten, aber dabei ihre vollkommene Unabhängigkeit bewahrten. Im Laufe der Zeit erschienen weitere Sprachen als Umwandlungen der Ursprache. Diese Völker fingen an, auszuwandern in andere Gegenden *(Kontinente?)*, wobei sie den ‚Großen Fluss' überquerten bis hin zu uns *(Osten)* und in die andere Richtung *(Westen)* ebenso wie nach Süden und Norden.

Sie nahmen ihre Kultur mit, das heißt Wissenschaft, Religion und all ihre Kenntnisse und Errungenschaften. Die ‚eroberten' Völker hatten ihren Nutzen davon."

- „Diese Völkerscharen, die in alle Richtungen auswanderten, nannte man ‚Mayas', was bedeutet: ‚die, die weggingen'"... sagte ich mit leiser Stimme.

- „Ja, man gab ihnen einen Namen, der bis heute in verschiedenen Sprachen so geblieben ist", sagte mein Meister *(immer antwortet er auf das, was ich gerade denke... das ist sehr gefährlich!).*

- „Warum ist das gefährlich, wenn ich deine Gedanken lese?..." fragte er mich. „Befürchtest du, dass ich etwas Bestimmtes erfahre?"

- „Nein, Amaru, ich sagte dies im Scherz. Das kümmert mich nicht, wenn du weißt, was ich denke. Das zwingt mich ja in gewisser Weise dazu, immer Gutes zu denken – nicht wahr?"

- „Das hoffe ich doch. Immer sollte man Gutes denken. Das Gegenteil wäre nicht zu deinem Besten, und du fingest an zu zweifeln und zu zweifeln; und das läuft, wie ich dir bereits sagte, auf etwas Gefährliches hinaus. Nichts im Extrem!" – betonte er voller Nachdruck.

„Lasst uns weitermachen!" – sagte Amaru. „Diejenigen, die im Osten ankamen *(Amerika)*, betraten an unterschiedlichen Orten festes Land, in keiner bestimmten Ordnung, das heißt sie gelangten zu gleicher Zeit zu den Anden wie nach Mittel- und Nordamerika. Das gleiche geschah in der anderen Richtung *(Asien)*. Sie traten in Kontakt mit der einheimischen Bevölkerung, die gewissermaßen auf der Stufe von Wilden lebte. Die Verständigung erwies sich als sehr schwierig. Sehr viel später erst vermischten sich die Völker und gingen in der murianischen Kultur auf. Dabei halfen besondere weise Menschen, die von spirituellen Wesen auf hoher Entwicklungs-stufe begleitet wurden. *(Wie dies geschah mit dem Gott Meru, der bis nach Cusco kam, als Manco Quapac – dachte ich.)* Auf diese Weise verbreitete sich von da an diese Kultur in allen Teilen der Welt.

Tatsächlich erleichterte die Ankunft unserer Meister sehr die Besiedlung der Anden." – fuhr Amaru fort. – „Verschiedene Gruppen *(Einwanderungsströme)* kamen auf jeweils anderen Wegen. *(Der Gott Meru begann im Süden als Aramu Muru, bis er nach Tiwanacu gelangte.)* Andere strömten mehr nach Norden *(Nazca)* und fuhren dann auf einem Fluss *(Kanal?)* bis in jene Gegenden, die heute zu Brasilien gehören. Dort gab es ein Meer *(Binnensee?)*."

- „Genau am Ufer dieses Binnenmeeres" – so erinnerte ich mich – „erblühte eine große Zivilisation, ‚Gran-Pajaten', die später von Atlantis beeinflusst wurde. Dies war ein Gebiet im Nord-Nordwesten dieses Meeres *(heute peruanisches Gebiet)*."

- „Indem sie dieses Meer überquerten" – fuhr der Meister fort – „gelangten sie *(über den Amazonas?)* zum anderen großen Meer *(dem Atlantischen Ozean)* und schließlich auf diesem Wege bis zur ‚Großen Erde' *(Atlantis)*. Sie besiedelten dieses Gebiet und hinterließen dort ihren gesamten kulturellen Einfluss. Sie zogen weiter bis zum anderen binnenländischen Meer *(Mittelmeer)*, um schließlich am heiligen Fluss *(dem Nil)* anzukommen und mit den dort lebenden Menschen eine große Kultur zu gründen *(das ägyptische Reich)*."

- „Zweifellos geschah dies in Hunderten oder Tausenden von Jahren" – dachte ich.

- „Ja, dies beansprucht sehr viel Zeit", bestätigte mich der Meister. „In jedem Land gingen die Murianer in der Weise vor, dass sie die Völker respektierten, die sie vorfanden, und sie nach und nach integrierten, ohne Eile. Denn das, was sie ihnen beibrachten, war gut. Dies war ein langsamer, aber stetiger Prozess.

Die anderen Wanderungsströme nach Westen, das heißt nach Asien, taten dies in ähnlicher Weise. So hinterließen sie überall diese wertvolle ‚Schule des Lebens'. Der Einfluss von Mu strahlte also von der Mitte aus, bis hin zu allen Kontinenten. Entsprechend ihrer Entwicklung erlangten all diese Kolonien ihre Freiheit, gestalteten ihr eigenes Leben, das heißt sie ernannten eigene Regierende, die sie ‚Söhne der Sonne' nannten, da sie Abkömmlinge der ‚Großen Pachamama' waren: Mu, dem ‚Großen Reich der Sonne'.

In Amerika *(Amaraka)* geschah das selbe: Einwanderungsströme gelangten von Süden her bis zum heiligen See *(Titicaca-See)* – wir *(die Bewohner der Anden)* sind ihre Nachkommen -; Sie gründeten in Tiwanacu ihr erstes religiöses Zentrum, die politische und Verwaltungshauptstadt für den gesamten Süden.

Eine weitere Einwanderungsgruppe zog bis Mittelamerika und die letzte schließlich bis nach Nordamerika, in die Region von Kalifornien.

Es sieht also so aus, dass der Ursprung aller Völker in Mu liegt – der Ursprung, wo unsere Wurzeln entsprossen. Dort entstanden die neuen Völker. So sagt man zum Beispiel, dass es auf unserem Kontinent *(Südamerika)* braune, schwarze, gelbe, weiße, kupferfarbene etc. Völkerschaften gibt, in Gegenden, in denen man es nicht erwartet, nur wenigen bekannt.[14]

In ihren Mythen sehen sich so gut wie alle diese Völker als ‚Söhne der Sonne'. Sie alle verehrten die Sonne, als den Quell des Lebens. In ihrer Symbologie stellten sie dies auf jeweils eigene Art und Weise dar.

Diese Nationen, wie überall auf der Erde, litten unter großen Naturkatastrophen: Vulkanausbrüchen, Erdbeben, Überschwemmungen, und gingen dadurch unter. Zum Glück gibt es gut bewahrte Zeugnisse, die ihre Existenz in der Weltgeschichte bestätigen.

---

[14] Anmerkung des Übersetzers: So gibt es z.B. im Urwald in Peru blonde, hellhäutige Stämme, deren Herkunft nicht wissenschaftlich geklärt werden kann.

Als der große Untergang kam und Mu – die ‚Große Mutter Erde' – verschwand, nabelten sich alle Kolonien vollkommen ab, die bis dahin eine gemeinsame Richtschnur für ihr Leben gehabt hatten – geistig und materiell -, und sie schufen sich neue, nicht immer gute Regierungen. Sie waren gewissermaßen Waisen geworden!

Mu war ein Kontinent mit einer auf allen Gebieten weit entwickelten Bevölkerung. Die Murianer waren keineswegs ein primitives Volk, wie in einigen Untersuchungen behauptet wird. Diese Untersuchungen entbehren jeglicher geschichtlichen Grundlage.

Auf Mu verlief das Leben in einem ständigen Glücklichsein. Das Anwenden der ‚Lebensenergie' wie auch anderer kosmischer Kräfte war in dieser großen Kultur tägliche Praxis."

Die Stimme des Alten Weisen – eines Wesens ohne Alter – erklang von neuem:

- „Diese Lehren haben wir geerbt *(seine Kosmovision?)*. Der Urgrund allen Seins ist Inti; die Sonne *(als Symbol?)* repräsentiert den unsichtbaren INTI, den Schöpfer *(als physische und monotheistische Repräsentation)*.

Zu diesen Lehren gehören auch ‚Ayni' und ‚Minka' *(zwei weise Gebräuche, die trotz der verflossenen Zeit weiterhin in den Andenvölkern eine Bedeutung haben)*. Als

Hilfe für unsere Völker haben sie bis heute überlebt.

Die Erde gehörte niemandem, aber alle durften sie nutzen *(sie war Allgemeinbesitz)*. Ein Teil der Ernten war für Inti, ein anderer für den Erhalt der Tempel, und ein weiterer für das Volk; was übrig blieb, wurde in großen, gemeinschaftlichen Lagerhäusern aufbewahrt für Zeiten der Not *(Trockenheit, Teuerung etc.)* und wurde an alle gleichmäßig verteilt. Die Inkas übernahmen einige dieser guten Sitten.

Aus zwei Eiern einer Henne *(kosmische Eier? Er sprach von der Schöpfung)* gingen das Männliche und das Weibliche hervor *(Die Dualität in der Welt des Manifestierten – dachte ich – ist wichtig für die Fortpflanzung; ohne diese gäbe es keine Befruchtung)*, aber ganz am Anfang war der Mensch männlich und weiblich *(duale Einheit)*, unwissend *(er war unschuldig)*, besser gesagt schlafend *(unbewusst)*, und im Schlafe trennten sich das Männliche und das Weibliche *(als Prinzipien)*. Als sie erwachten, waren sie schon zwei Wesen *(männlich und weiblich)*. Also: am Anfang war der Mensch Eins, dann wandelte er sich in Zwei. Diese zwei schufen ein Drittes *(so stellten sie die Fortpflanzung und Fortdauer des menschlichen Geschlechtes sicher)* und danach die gesamte Menschheit.

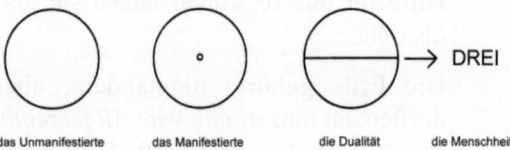

| das Unmanifestierte | das Manifestierte | die Dualität | die Menschheit |

Diese und andere Kenntnisse überbrachte uns der Meister Manco Quapac. Er war ein Abkömmling von Mu, dem Sonnenreich. So war er also ein ‚Sohn der Sonne'...

In den höchsten Gebirgen der Erde *(Himalaja, Tibet, Nepal)* gibt es ein Kloster, in dem eine Zeichnung von Südamerika aufbewahrt wird; darauf sieht man ‚einen Fluss' *(einen Kanal?)*, der die Ankunft des Meister Aramu Muru *(Manco Quapac)* am Heiligen See und in Tiwanacu, wo er sich niederließ, erleichterte. Ich sprach schon zu dir von ‚jenem Fluss' *(Kanal?)*, von wo aus man zu jenem Meer *(in Brasilien)* gelangen konnte. Dieses Meer verschwand später...

(Mit dem Untergang von Atlantis ging einher, dass das Binnenmeer von Brasilien das ‚Loch' ausfüllte, das dieser Kontinent hinterließ indem es dort entlang strömte, wo sich heute der Amazonas befindet, bis der Atlantik sein endgültiges Meeresniveau erreicht hatte...) Dort *(im Amazonasgebiet)* wuchsen viele Bäume und jegliche erdenkliche Art von Pflanzen. Jetzt ist dies die wichtigste ‚grüne Lunge' unserer Erde",
sagte er.

Die Geschichte des Meisters Manco Quapac – so dachte ich – wiederholt sich in den Überlieferungen aller Völker: in Schriftzeichen, Symbolen, Mythen etc.. Immer wieder heißt es, dass die Vorfahren aus der Richtung der „Sonne im Westen" kamen und dass dies die ältesten Menschen waren. Natürlich bezogen sie sich dabei auf Mu, das auch „Land im Westen/Erde von Kui" genannt wurde...

In den „Heiligen Inspirierten Büchern" von Mu wurde als erste Religion des Menschen die Religion der Liebe gepredigt: die Liebe des Menschen zu seinem Himmlischen Vater und dessen Werken – und die göttliche Liebe des Himmlischen Vaters zu seinem Kind, dem Menschen.

Von neuem erklang die Stimme meines Meisters in mir:

- „All diese Lehren waren einfach *(wahrhaftig?)* und überhaupt nicht kompliziert. Der Mensch wurde angeleitet, sich Inti *(Gott)* in Liebe und Vertrauen zu nähern. Der beste Tempel für die Anbetung von Inti und der größte auf Erden ist das Herz des Menschen: Er kann dahin gelangen, eins zu sein mit Ihm, und zu jeder Stunde und immer ist dies für ihn möglich, dieser Zugang, Tag und Nacht, an welchem Ort auch immer, in einer Großstadt – oder in der Wüste -, immer kann er dies erreichen.

Der Mensch wird die gesamte Natur und ihre Kräfte beherrschen können, wenn er lernt, die große göttliche Kraft zu nutzen, die in ihm selbst liegt. Er wird so hohe Schwingungen erzeugen können, dass er die irdischen Kräfte umwandeln und auflösen kann. Die Schwerkraft wird er überwinden können, wenn er sich dies vornimmt..."

- „Tatsächlich – wir sind uns dessen nicht bewusst, wessen wir fähig sind" – dachte ich, „gewiss, diese Meister – ich habe dies selbst erlebt – können ohne Schwierigkeiten schweben, können über Wasser schreiten oder in der Luft gehen... Ohne Anziehungskraft gibt es kein Gewicht. Jemand sagte mal: Der größte Himmelskörper, ob Stern oder Sonne, hat im Raum kein Gewicht!... Die großen Meister beherrschten und gebrauchten die großen kosmischen und irdischen Kräfte. Für sie gelten viele Naturgesetze nicht."

Die „Heiligen Inspirierten Schriften" von Mu sprechen davon, dass jeder Gedanke eine Bewegung im Gehirn auslöst, das heißt auf der Ebene der Materie, die zugleich Energie ist und sich mit den kosmischen Kräften verbindet. Diese Schwingungen reisen mit hoher Geschwindigkeit durch den Äther, der die Erde umgibt. Wenn diese Schwingungen auf ein anderes Gehirn treffen, das sich auf gleichem Schwingungsniveau befindet (= in Resonanz), so gelangt das Signal zu dem Empfänger und er versteht den Gedanken, der vom Sender ausging. Dies bedeutet, dass die Übertragung von Gedanken zwischen zwei stimulierten Gehirnen so vor sich geht: Eins vereinigt sich mit dem anderen und sie „sprechen" mit einander ohne Laute und Worte...

Ich glaube zu verstehen, was in diesem Moment vor sich geht...

Auf die gleiche Weise beherrschten die Alten Weisen das Feuer. Sie heben ihre Schwingung derartig an, dass die Flammen sie nicht berühren; ebenso wird ihre Kleidung nicht in Mitleidenschaft gezogen, da sie in gleicher Weise mitschwingt; sie geht auf in der Schwingung der Person...

Die großen Meister erreichten es in allen Epochen, ihre geistigen Schwingungen zu beherrschen und zu gebrauchen, das heißt die Kosmischen Wissenschaften anzuwenden.

Von neuem fuhr der Meister fort:

- „Die Zeichnungen *(Symbole)* – heilige und authentische Vermächtnisse der ‚Großen Pachamama' *(Mu)* -, die nach dem Versinken übrig blieben, wurden überall abgeändert, entsprechend dem Ort, *(den Regionen, Ländern, Kontinenten?)* so entstanden unterschiedliche Geschichten *(Mythen)*, und eine so große Verwirrung breitete sich aus, dass alles mit allem vermischt wurde. Selbst ihre eigenen Meister *(Lehrer)* konnten nicht mehr die eigene Geschichte *(Kosmovision)* verstehen und erklären, die Geschichte die sie selbst gelebt hatten... Wissenschaft und Religion wandelten sich *(verloren an Kraft?)* und fielen auseinander; so glaubte jeder nur an seine eigenen Gesetze.

Bevor dies geschah, brachten Gruppen wahrhaftiger Meister – ausgebildet um zu lehren – die ‚Heiligen Inspirierten Schriften' zu allen Kolonien. In jedem Land bildeten sie Schulen und bereiteten Personen *(Priester)* vor, die das Volk nach und nach über die ‚Heiligen Mysterien' belehrten.

So lernte der Mensch ein höchstes Wesen kennen – Inti, Schöpfer von allem – oben wie unten. Der Mensch ist sein Kind, und wie Er ist er die Sonne selbst; er ist der Sohn der Sonne. In den Körper des Menschen legte Er Inti *(Geist)*, der der Herr im Körper ist. Dieser Geist ist unsterblich und wird in Ewigkeit fortbestehen.

Wenn wir Menschen unseren materiellen Körper verlassen *(desinkarnieren)*, verwandelt er sich in Erde *(löst sich auf, ‚verwest')* und wir werden frei, wir gehen zu ‚Hanan Pacha' *(die Welt des Jenseits)*, um unsere erneute Rückkehr *(Reinkarnation)* zu erwarten.

Diese wird dann ermöglicht, wenn wir verstanden haben *(uns dessen bewusst geworden sind)*, dass es für uns noch einiges auf der Erde zu erledigen gibt. Dann also entscheiden wir uns aus freiem Willen, mit einem anderen Körper wiederzukommen, den wir uns selber schaffen. ‚Noquan Kani'

(Ich Bin) kehrt also zur Erde zurück und wenn er in der rechten Weise seine Aufgabe, seine Mission, erfüllt hat, wird er zur ‚Großen Quelle' heimkehren, um in vollkommener Freiheit zu leben...

All die vielen Male des Zurückkehrens *(Reinkarnationen)* tragen bei zur Evolution des Menschen: Die Erkenntnisse müssen gelebt werden... Denke daran: Die physische Sonne ist ein Symbol, ist nicht Inti *(Gott)* selbst... Inti ist das Höchste Licht – und die Sonne dessen sichtbarer Ausdruck..." –

Einen Moment schwieg er, dann begann er von neuem:

- „Alles *(das Universum)* war Inti *(Geist)*. Es hatte weder Form noch Leben. Alles war Schweigen, Ruhe, ohne Ton. Alles war Dunkelheit *(der unendliche Raum)*. Nur der ‚Große Paimi Kani' *(Er: Gott)* bestand in sich selbst und existierte immer in einem fort; - als Schöpfer *(Schaffer, Baumeister, großer Architekt des Universums)* bewegte er sich in der Leere der Dunkelheit...

Und er befahl den Gasen, sich zu vereinen, daß sie sich zu Steinen wandelten *(fest wurden)* und Erde bildeten... *(im festen Zustand blieben sie in der Oberfläche und gaben dem Wasser und der Atmosphäre Raum)*. Die Gase der Oberfläche trennten sich und bildeten die Gewässer und die Atmosphäre. Die Strahlen von Inti *(der*

Sonne) erhellten die Erde und die Atmosphäre erstrahlte und schenkte Licht und Klarheit, und das Licht gab Wärme und die Wärme gab Leben...

In dem ‚Uju Pacha' *(dem Inneren der Erde)* gab es Feuer, und das Feuer ließ Erde emporsteigen, und es erschien trockenes Land. Und dann befahl er den zurückgebliebenen Gewässern, Meere zu bilden, Seen, Flüsse, etc..., und die Gewässer empfingen die Strahlen der Sonne, und so entstand Leben...

So begann die Evolution, und schließlich wurde der Mensch ‚geschaffen' – als ein unsterbliches Wesen in einem sterblichen Körper *(Inti im Körper)*. Auch sollte man immer daran denken: ‚Das Wasser ist der Weg'... Es ist die Mutter des Lebens."

So erschien zuerst die Polare Rasse, bestehend aus feinstofflich lebendem Äther; - es gibt nur einen materiellen Zustand; dann entstand als zweite die Rasse der Hyperboräer, bestehend aus chemischem Äther, und die dritte war die Rasse Mu -, Wesen, die sich ihres individuellen Seins vollkommen bewusst waren.

- „Hatun Pachamama *(Mu oder die Große Mutter Erde)*" – sagte mein Meister mit feierlicher Stimme - „beherbergte Menschen, die aufgrund ihrer Evolution schon Große Wesen waren, fähig, Dinge zu tun, die wir heute mit dem Verstand kaum akzeptieren würden. Sie besaßen einen sehr entwickelten Willen und eine große Vorstellungskraft.

(Ich erinnere mich, dass Nina Sonquo ebenso wie Amaru Cusi Yupanqui mehr als einmal davon sprachen, den Willen zu stärken und die Vorstellungskraft anzuwenden.)

Sie beherrschten die universalen Gesetze. Sie lernten, lehrten und praktizierten ihr Wissen *(sie kultivierten Weisheit)* an besonderen Orten und so erwuchs aus dem Wissen Weisheit, indem sie das, was sie lehrten, auch lebten.

Die Frauen waren es, die als erste in Verbindung mit den Naturkräften traten *(den Elementarwesen der Natur?)* wegen ihrer Sensibilität und ihrer eigenen inneren Natur *(sie hörten die inneren Stimmen der Pflanzen, der Tiere, der Steine, der Wolken, des Windes etc.)*. So wurde immer mehr das Geistige in der Natur und im menschlichen Leben erkannt *(als äußere Welt, mit den Sinnen erfahrbar, als Gegenstand für Entstehen und Vergehen in der Zeit...)*.

So ist es", - antwortete der Meister auf meine Gedanken – „aber denke daran: Alles, was in der Zeit entsteht, begann in der Ewigkeit..., aber mit unseren physischen Sinnen können wir uns dem Ewigen nicht nähern. Es gibt ‚Pfade', die uns helfen, dem Ewigen näher zu kommen... *(Mir schien es, als lächelte er)*.

Bis jetzt ist der Mensch noch am Schlafen. Wenn der Mensch sich weiterhin voller Begeisterung und Liebe bemüht *(wenn er seine Fähigkeiten entwickelt)*, so kann er zu dem ewigen Ursprung der Geschichte gelangen *(‚Akasha-Chronik' oder ‚Gedächtnis der Natur'?)* und von vielen Dingen Kenntnis erhalten *(wenn er sich nicht durch nur äußeren Augenschein selbst begrenzt... er kann lernen zu erkennen!)*.

Dort, wo unsere Zeit nicht mehr gilt, wird der Mensch die lebendige Geschichte allen Seins finden, die sich nicht wandelt... Daher sprechen die Großen Meister zu uns von der Vergangenheit als Wissende, da sie in die Welt des Ewigen blicken können."

- „Und du" – dachte ich – „sprichst gerade aus dieser Ebene, die du kennst und jederzeit besuchen kannst, wann immer du willst...! Du bist also einer dieser großen Meister – ob du es zugibst oder nicht."

Es entstand ein längeres Schweigen..., mir war nicht klar, ob er überhaupt noch da war oder schon gegangen war. Ich glaube, ihm gefiel vielleicht nicht das, was ich gerade gedacht hatte.

- „Du unterbrichst ja dauernd!" – erklang es dröhnend in meinem Kopf. – „Es ist wichtig für dich zu wissen, dass diese spirituelle Sicht *(spirituelle Wahrnehmung)* auch trügen kann. Es können sich Irrtümer einschleichen, Unrichtigkeiten und Unklarheiten. Daher stimmen manchmal die Versionen verschiedener Schulen nicht überein. Dies hängt auch davon ab, wie viel Vertrauen wir in jemanden haben: Wie ernsthaft und ehrlich sie sind... In den wichtigen Dingen gibt es auf jeden Fall Übereinstimmungen *(bei den Mysterienschulen?)*.

Es ist sehr wichtig, Folgendes zu wissen: Das Vertrauen in die großen Eingeweihten und ihre Nachfolger hängt nicht von der Menge des Wissens und persönlicher Erfahrung ab, sondern von dem Alter ihrer Weisheit... Der zutiefst Eingeweihte *(der das Einweihungswissen anwendet)* wird mit jedem Tag, den er erlebt, immer bescheidener und demütiger. Sein Wachstum *(seine Vorbereitung)* verwirklicht sich Tag für Tag im Arbeiten, durch Verantwortungsbewusstsein, indem er mit Klugheit lehrt und sich selbst jeden Tag besser kennen lernt.

So wird er voller Klarheit Einblick in die Vergangenheit *(die Akasha-Chronik)* erlangen, wird die Gegenwart als das sehen, was wir gerade leben, und ebenso die Zukunft, wenn alles sich innerhalb der kosmischen Gesetze verwirklicht, die Inti *(Gott)* unserer Welt gab *(göttliche Gesetze, kosmische – für unsere Welt der materiellen Manifestation)*.

So, wie in diesem Haus sich viele verschiedene Dinge befinden *(wie ein chemisches Laboratorium)*, so wird derjenige, der Wissen und Kenntnis durch eigene Erfahrung besitzt, uns zukünftige

Ergebnisse voraussagen können. Mit Leichtigkeit kann er in die Zukunft schauen, und wenn alles sich richtig zusammenfügt, wird dies auch geschehen.

In gleicher Weise kann der wahrhaft Eingeweihte die Geschichte, die Vergangenheit erblicken, entsprechend dem Alter seiner Weisheit, und er wird geistige Geschehnisse vorausblickend erkennen können, in ihrer Übereinstimmung mit geistigen Gesetzen... Er kann sehen, wie die Zukunft sich ordnet.

(Der Mensch jedoch hat den freien Willen, den Gesetzen auszuweichen. Menschliche Wissenschaft gelangt mit Hilfe verstandesmäßigen Urteilens, Kombinierens und Ableitens zu Vorhersagen, während die spirituelle Wissenschaft nicht spekuliert – dies ist eine Gefahr -, sondern eine andere, eine höhere Art der Wahrnehmung zugrunde legt, um zu einer wahrhaftigen Vision zu gelangen.)

Wir leben innerhalb der Relativität; nichts ist absolut. Das, was zur einen Zeit rechts ist, wird im nächsten Augenblick links sein; was oben ist, kann danach unten erscheinen. *(Dies wird also in der geistigen Welt vom Stand unseres Bewusstseins abhängen, der unserer Entwicklung entspricht.)*

Unser Gehirn" - so fuhr der Meister fort – „hat so viele ,Zweiglein' *(Neuronen?)*, und diese Zweiglein wiederum so viele Fädchen

– so gut wie unsichtbar -, dass wir Hunderte von Jahren benötigten, um herauszufinden, wie alle miteinander in Verbindung stehen und welche Aufgaben sie erfüllen.

(Vor kurzem entdeckte die Wissenschaft, dass es im menschlichen Gehirn uner- messlich viele solcher Verzweigungen gibt.)

Das Bewusstsein der großen Eingeweihten hat Anschluss an eine erweiterte Seinsweise und sie wissen diese ‚Fädchen' zu handhaben, und so verwirklicht sich ihr ‚Noquan Kani' *(Ich Bin)* auch im Beherrschen des Gehirns: Sie sind zu außergewöhnlichen, überraschenden Dingen fähig *(metaphysisch? – denn sie sind sich dessen bewusst, was sie können – und wessen sie sich bewusst sind, das vermögen sie auch. Nur wenn man anfängt, nach Gründen zu suchen, kann sich der Geist nicht verwirklichen.)*...

Es ist so: ‚Noquan Kani' ist Teil des Ganzen – und ist dem Ganzen gleich, so wie ein Blatt des Capuli-Baumes, in der physischen Welt, dieselbe Gestaltung *(Struktur)* besitzt wie der ganze Capuli-Baum... *(Der Mikrokosmos ist gleich dem Makrokosmos – wie oben so unten).*

Man darf vor der Wahrheit keine Angst haben. Wer Angst empfindet, besitzt weder Gesundheit noch Frieden. Angst ist ein Feind der Menschheit..., ein Feind der Liebe. Der Mensch fürchtet sich zu lieben, so fehlen ihm auch die Gefühle von Sicherheit und Vertrauen. Immer meint er, etwas zu verlieren; wenn er Arbeit als Last empfindet, als Zwang, so liebt er seine Arbeit nicht. Würde er das Arbeiten eher spielerisch vollziehen, so wäre dies eine Freude für ihn.– "

- „Es sieht so aus, dass die Menschen sich überall gleichen – ", dachte ich.

- „Ja", - erwiderte der Meister, - „alle menschlichen Rassen sind sich sehr ähnlich, sind verwandt. Unterschiede entstehen durch die Umgebung."

Dazu gehören Hautfarbe, Statur, geringere oder höhere Lungenkapazität entsprechend der Höhenlage, Sitten und Gebräuche. Möglicherweise haben wir alle unseren Ursprung an ein und dem selben Ort, meinen einige Forscher. Andere gehen eher von einem gleichzeitigen Erscheinen an vielen verschiedenen Orten aus.

In ersterem Fall nimmt man an, dass vom ursprünglichen Gebiet aus die Völker sich in alle Richtungen bewegten, auf diese Weise die Erde besiedelten und dabei entsprechend dem Wirken der Evolution sich den örtlichen Gegebenheiten anpassten.

Die zweite Hypothese fußt auf der Idee, dass alle an verschiedenen Orten siedelnden Völker bereits eigene besondere Merkmale hinsichtlich ihrer Lebensweise besaßen und dementsprechend ihre Entwicklung vollzogen. Die Umgebung beeinflusst in starkem Maße Sitten und Gebräuche der Völker.

Amaru Cusi Yupanqui sprach weiter:

- „Es ist wichtig, sich dies zu merken: Die Menschen von ‚Hatun Pachamama' *(‚Große Mutter Erde' = Mu)* bildeten eine vollständig entwickelte Rasse *(sie waren sich ihres individuellen Seins bewusst).* Ihre Evolution vollzog sich sehr rasch in jeder Hinsicht. Als sie auszuwandern begannen, stießen sie überall auf weniger entwickelte menschliche Gemeinschaften. Mit diesen vermischten sie sich, - ohne Zwang gaben sie ihre Belehrungen und Gewohnheiten an sie weiter.

In den verschiedenen Regionen entstanden mit der Zeit neue Völkerschaften *(Wanderungsbewegungen nach Amerika, Asien und anderen Gegenden).* Sie strömten aus in alle Richtungen. Auf Mu existierten schon höher entwickelte Völker mit unterschiedlichen Hautfarben und Körpergrößen *(aber mit einer einzigen kosmischen Vision)* – alle waren sie Kinder von Inti. Sie brachten auf diese Weise ihre Gene durch ihr Blut der übrigen Welt. Und durch die günstigen Bedingungen der landschaftlichen Gegebenheiten vermehrten sich die murianischen Völker.

Heutzutage geschieht im Zuge der Evolution unserer Menschheit auf der ganzen Erde ein weiteres Mal eine Vermischung, ein Einswerden. Dies wird zu einer neuen und einzigartigen Menschheit führen: zu dem Menschen der Zukunft, der seine Mitmenschen nicht mehr unterscheiden wird nach Weißen, Farbigen, Kupferfarbigen, Dunkelhäutigen, Gelben, sondern in allen ganz einfach ‚Inti' sehen wird, - Geist, der sich im Licht-Sein manifestiert *(Inti = Sonne)*. Dann wird der Mensch sich bewusst werden, immer schon Licht gewesen zu sein – von seinem Ursprung an – und dass alle übrigen menschlichen Wesen seine Geschwister sind...

Und es wird Liebe herrschen... *(Sicherlich werden auf die eine oder andere Weise weiterhin Unterschiede bestehen – anatomische, physiologische -, aufgrund der Einwirkung der Umwelt: Berge, Meere, Seen, Flüsse, Ebenen etc.)*

Als die murianischen Menschen von der ‚Großen Mutter Erde' *(Mu)* loszogen, nahmen sie das Große Wissen mit, die Weisheit ihrer Vorfahren. Überall, wohin sie kamen, blieben einige von ihnen zurück, um dort die Kenntnis von Inti *(Gott)*, der Schöpfung, der Evolution und der Aufgabe des Menschen auf dieser Erde zu vermitteln.

(Wir sind also Erben dieser kosmologischen Tradition – der Kosmovision der Anden.) Daher klingt aus allen Legenden dieselbe Geschichte – mehr oder weniger verborgen -, manchmal so stark verfremdet, dass es

schwierig erscheint, das Wahre darin zu erkennen...

Dennoch: Die Sitten ähneln sich *(Riten, religiöse Zeremonien, Festlichkeiten unterschiedlichen Charakters bei Sonnenwendfeiern etc. ...).*

Wir müssen uns dessen bewusst sein, dass unsere Geschichte sehr weit zurück reicht – bis zu der Zeit, als der Mensch in den Anden erschien."

Gemäß den neusten astronomischen Nachforschungen geschah der Urknall – das Ausatmen von Inti – wie unsere Meister sagen – vor ungefähr 12 Milliarden Jahren und unsere jeden Tag scheinende Sonne erschien vor nicht mehr als 10 Milliarden Jahren, und der Mensch in Amerika vor 4 Milliarden Jahren!...

Heißt das, dass wir von einem amerikanischen Ursprung des Menschen sprechen können?... Noch genauer: in den Anden?... oder... noch deutlicher: von Mu? Sind wir die Nachkommen dieser Rasse?

Sicher ist, dass wir eine bedeutsame Tradition anvertraut bekommen haben und noch weiterhin bekommen, durch die Belehrungen unserer Kechua-Meister, - wenn wir auch manchmal an ihrer Wahrheit zweifeln... und uns diese Zweifel auch noch begründet erscheinen...

Zweifel als Prüfungen unseres Vertrauens -, aber gewiss: Ja, wir wissen um ihre Wahrhaftigkeit – und dies genügt uns; dies sagen wir in Demut.

Wir laden alle Menschen offenen Herzens ein, alle Geschichtsforscher, nachzuforschen – und eines Tages stimmen sie vielleicht darin überein, dass die Geschichte neu geschrieben werden muss. Wir glauben, dass sie erst jetzt richtig geschrieben werden wird...

- „Es ist nicht leicht" – sagte der Meister -, „das zu akzeptieren, was man nicht kennt. Die ‚Große Mutter Erde' *(Mu)* scheint Fantasie zu sein *(eine Utopie)*, aber es gab diesen Kontinent, und in uns – in gleicher Weise wie in anderen, weit entfernten Völkern – ist diese Wahrheit aufbewahrt. Dieses Wissen benötigt der Mensch von heute mehr denn je dringend für sein Wachsen, um nicht weiterhin auf eine Katastrophe zuzusteuern -, in unserem menschlichen Leben und auf dieser Erde.

Die Murianer kamen zu uns, indem sie den Großen Fluss überquerten *(Pazifischer Ozean: Vielleicht nannte Amaru ihn weiterhin ‚Fluss', denn er war einmal ein ‚Fluss im Wachsen', wie dies mit allen Meeren geschah, die zuerst als Flüsse begannen und dann ihr Wasser immer mehr ansammelten und so in Tausenden von Jahren riesige Seen entstehen ließen...).* An verschiedenen Punkten Amerikas und Asiens gingen sie an Land, zu verschiedenen Zeiten.

Natürlich waren die Meere ursprünglich Flüsse!" – bemerkte er – „Flüsse, die die großen Landmassen als Kontinente voneinander trennten. Im Laufe der Zeit wurden sie zu Meeren.

Die Murianer ließen sich in den Anden nieder, in den hochgelegenen Gebieten unserer Erde *(unseres Kontinentes)*, wo sie aus Sicherheitsgründen ihre Tempel und Wohngebäude errichteten."

Sie bewahrten die Erinnerung an die großen Überschwemmungen der Vergangenheit, als die Flüsse sich immer mehr ausbreiteten und die Grundlage für die späteren Meere oder großen Seen schufen. Verständlicher Weise akzeptieren Archäologen, Anthropologen und Geologen diese Gedankengänge nicht. Dennoch werden wir, außer den Belehrungen unserer geliebten und verehrten Kechua-Meister, auch in anderen uralten Inschriften und Skulpturen an verschiedenen Orten der Erde Bestätigungen erhalten. Außerdem bewahren viele Völker in ihrer mündlich überlieferten Tradition dieses Wissen und geben es nur sehr zögerlich weiter.

- „Das Land, zu dem sie kamen *(Amerika)*, war anders als ihr eigenes *(Mu)*, das voller üppiger Vegetation gewesen war, mit nicht sehr hohen Bergen, eher Hügeln. Und ab und zu bewegte sich diese Erde *(starke Erderschütterungen)* aufgrund der vielen vorhandenen Vulkane. Ihre Vegetation war sehr üppig *(tropisch)* und es gab sehr große Tiere. Es gab große Affen, die mit Menschen verwechselt wurden."

Ein krasser Irrtum der paläontologischen Forscher: Als sie auf verschiedenen Pazifikinseln und an einigen Küsten Amerikas auf Knochenfunde des Lemuren stießen, also eines Pflanzen fressenden Menschenaffens, glaubten sie, die Reste eines primitiven Urmenschen gefunden zu haben, der in aufrechter Haltung um 1,80m gemessen haben muss und dem Menschen ähnliche Finger, Zehen und Schädel besaß. Deswegen nannten sie diesen riesigen, im Pazifik versunkenen Kontinent „Lemuria"... und wegen dieser Funde schlossen sie auf eine niedrig stehende menschliche Rasse.

- „In den alten Zeiten war ein großer Teil von Mu immer in Rauch eingehüllt, da es voller Vulkane war. Die Menschen jedoch verstanden es, sich vor Gefahren zu schützen. Sie führten ein wohlhabendes Leben. Ihre Ernährung war gut *(ausgeglichen)*.

All ihre Tätigkeiten waren aufs Dienen ausgerichtet, und wenn etwas misslang, wussten sie dies zum Guten zu wenden. *(Die Umwandlung wurde ständig auf allen Gebieten des täglichen Handelns praktiziert.)* Sie waren unsere Geschwister – ein bisschen anders als wir, voller Licht in ihren Körpern, mit einem sanften Blick *(voller Vertrauen?)*; sie sprachen mit weicher Stimme, ohne laut zu werden, mit melodischem Tonfall, voller Liebe.

Sie waren ungefähr 1,80m groß. Ihre Gebäude aus hartem Stein waren kunstvoll errichtet *(von ihnen lernten wir diese Bausweise)* mit runden Dächern *(gewölbt)*, rundem Grundriss. Wo es sumpfig war, waren die Gebäude erhöht. Die Eingänge waren bogenförmig, die Fenster rund oder oval, und dies hielt allen Erderschütterungen stand *(wie es gegenwärtig auch in Cusco zu beobachten ist, wo seismische Bewegungen von den alten Gebäuden nicht gespürt werden, im Unterschied zu den anders gebauten, die einstürzen)*.

Sie bearbeiteten ihre Felder *(sie waren geschickte Ackerbauern)* mit Ackergeräten, die bis heute in den Anden verwendet werden. Außerdem bearbeiteten sie Stein *(als Bildhauer)*, ebenfalls Holz, Gold, Silber und weitere Metalle, Legierungen; sie schufen wahre Kunstwerke."

Während ich dem Meister zuhörte, stellte ich mir ein üppiges Land vor, voller Farne, riesiger Nadelbäume, mit warmem Klima in weiten Bereichen, auch wegen der Erdwärme aufgrund der vielen Vulkane, durchzogen von erfrischenden Bächen und Flüssen, mit kristallklarem Wasser, alles eingebettet in wunderschöne Täler.

- „Es gab einige besondere murianische Gruppen" – fuhr der Meister fort, - „die in den Bergen lebten *(sie bauten ihre Wohnhäuser an deren Hängen, und auf Terrassen legten sie Felder an)*. Vieles, was sie damals schufen, führen wir fort *(wir erbten verschiedene Praktiken wie Steinbauten, Universales Wissen, Sitten und*

Gebräuche, die überall auf der Erde ähnlich sind), und wir sind weiterhin dabei, ihr geistiges Erbe zu verstehen:

Unsere Gebete und Meditationen sollten sich mehr im Tun verwirklichen. Ohne das Tun schreiten wir nicht voran, ohne zu DIENEN wachsen wir nicht und sind nicht glücklich. Es geht darum, zu helfen, mitzuarbeiten, und dann werden wir auch zielstrebig weiter voran schreiten zu Inti *(Gott)*.

Denke immer daran: ‚Die Hände, die etwas tun, haben mehr wert als die Lippen, die nur beten...' *(Wenn die Gedanken nur Worte bleiben, kennen wir nicht den Wert des Handelns, des TUNs)*.

Wir benötigen Demut zum Öffnen unseres Bewusstseins – Demut, um andere Quellen des Wissens zu finden; Demut, um uns unserem wahren Sein zu nähern. Denken wir daran: ‚Der Kosmische Geist *(Inti = Gott)* ist der einzige Quell des Erkennens'... weit jenseits dessen, was wir vermögen – ob wir dies nun glauben oder nicht."

Ich fühlte, wie ernst und besorgt der Meister war. Ich glaube, in der Weise, wie die Wissenschaft voranschreitet, dringt man manchmal so tief, dass man einem ‚Etwas' begegnet, dort in der Tiefe der Dinge – und dieses ‚Etwas', was mit dem Wort ‚Energie' als Ursprung von allem bezeichnet werden kann, taucht in jedem Untersuchungsobjekt auf; - sind wir da der Gegenwart des Geistes nahe? – und wenn ja – ist dies ein Teil Intis (Gottes)?

- „Alles, was sich ereignet, hat eine Ursache, ist die Folge unseres Handelns oder beruht auf Abläufen in der Natur. Was sich manchmal zu Beginn als Schaden zeigt, erweist sich oft später als Nutzen. Das ist Evolution...

Der Tod braucht von uns nicht gefürchtet zu werden, wirklich nicht *(da wir selbst Inti sind)*; - den Tod gibt es nicht! Er bedeutet einfach nur Wandel, das heißt unseren Körper zurück zu lassen *(der wir nicht wirklich sind)* und auf die andere Seite zu gehen *(eine andere Seinsebene?)*, wo wir den physischen Körper nicht benötigen. Und wenn wir zurückkehren wollen *(Reinkarnation)*, brauchen wir einen anderen, neuen Körper, den jeder sich selber schafft...

Die Murianer wussten, wann sie hinübergingen *(desinkarnierten)*, und sie wollten auf dieser Erde nicht sehr lange bleiben – sechzig, siebzig Jahre lebten sie durchschnittlich; selten überschritten sie diese Grenze, im allgemeinen nur dann, wenn sie zur Erfüllung einer besonderen Aufgabe gekommen waren *(als Meister? – so wie die, die ich kennen gelernt hatte und die über hundert Jahre alt werden!?)*.

Wenn die Menschen auf Mu eine Verbindung eingingen *(heirateten)*, dann war das für die gesamte Gemeinschaft ein besonderes

Fest. Wenn das zukünftige Ehepaar zu einer verantwortungsbewussten Überzeugung hinsichtlich seiner Entscheidung gelangt war, sprach es dann mit den entsprechenden Eltern und bat um deren Zustimmung.

Vor diesem wichtigen Augenblick und auch mit dem Einverständnis beider Eltern lebten sie in vorehelicher Gemeinschaft eine angemessene Zeit *(1-2 Jahre)* zusammen, weit weg von ihrer Familie und unter schwierigen Umständen. Sie mussten sich ihre Unterkunft selbst bauen, bei der Arbeit sich gegenseitig unterstützen, um zu überleben.

Wenn sie diese Prüfung bestanden hatten und sich ihrer sie einigenden Liebe sicher waren, konnten sie sogar auch vor der gesetzten Frist zurückkehren und mit ihren Familien sprechen. Und so verwirklichte sich die wahre Vereinigung *(Ehe)* – als wirkliches Geschehnis!"

Ja, ich selbst kannte bereits diesen schönen Brauch: Während der Hochzeitszeremonie macht der Priester oder die Priesterin mit einer goldenen Nadel einen kleinen Einstich in die Fingerkuppe des rechten Mittelfingers beider Beteiligten – der Mittelfinger bedeutet symbolisch das Herz. Dann legt ein jeder seine Fingerkuppe auf die des anderen, um so zu symbolisieren, dass dies ein wechselseitiges Geben und Nehmen bedeutet. So gibt ein jeder sein Blut dem anderen als Zeichen der Liebe und immerwährender gegenseitiger Hilfe

Dann legt der Priester die Finger der rechten Hand des Bräutigams auf die Finger der linken Hand der Braut. Im weiteren Verlauf vereint er Beide mit einem Band – „chumpi", welches in den sieben Regenbogenfarben gewebt ist. Außerdem legt er um den Bräutigam einen Poncho und um die Braut ein Schultertuch – „lliclla" -. Diese gesamte Zeremonie geschieht im Freien, und schließlich, unter Hochrufen, fordert der Priester das Brautpaar auf, in den Tempel zu gehen, um zu beten.

Dies ist ein wunderschönes Ritual, mit tiefgehenden Dialogen, über das Leben ernsthaft reflektierend und über das Glücklichsein und die Liebe als grundlegendes Motiv für die Vereinigung.

- „Wenn das Paar während der Prüfungszeit sich eingestand, dass es nicht miteinander harmonierte und keine Übereinstimmung für das gemeinsame Zusammenleben erlangt hatte, so kehrte ein jeder nach Hause zurück *(an den heimischen Herd)* oder wanderte weiter zur nächsten Gemeinschaft, um von neuem zu beginnen.

Mu war ein Land, in dem die Menschen sich der geistigen Grundlage ihres Lebens bewusst waren. Sie versammelten sich täglich zu religiösen Kulten bei drei Gelegenheiten je nachdem, welche Aufgaben sie zu erfüllen hatten, das heißt im Wechsel von Arbeit und Ausruhen, zu folgenden Zeiten: morgens 7:00 Uhr, mittags 12:00 Uhr und abends 18:00 Uhr – beten, meditieren, mit sehr einfachen Riten *(aber mit tiefen Botschaften)* und mit kurzen Hinwendungen zu den Elementen als Widerspiegelungen Intis, als Ursache und Ursprung von allem."

Diese Grundhaltung, alles Handeln wie ein Gebet zu vollziehen, brachte als logische Folge ein außergewöhnliches physisch-geistiges Voranschreiten mit sich. Dies führte zu einem tieferen Erkennen von Wissenschaft, Kunst und dem Leben selbst. In der Praxis sah das so aus, dass die Murianer jedes Tun vorbereiteten durch ein Innehalten in Form eines kurzen Gebetes, um dann die Tätigkeit auszuführen.

- „Nur auf dem Weg des Handelns gelangen wir zu Erkenntnissen und damit zu Weisheit. Der Gedanke erlangt Kraft durch das Wort, und dieses gewinnt Leben im Handeln. So sammeln wir Erfahrungen, und diese verhelfen uns zu Anerkennung und Achtung."

Dank dieser Haltung hinsichtlich des Handelns, dieser Hingabe, erlangten die Menschen von Mu höhere Fähigkeiten auf allen Gebieten. Sie erweckten Sinne, die uns noch unbekannt sind. Diese erlaubten ihnen, ihre physischen Körper zu sensibilisieren, sich geistig weiter zu entwickeln und in Verbindung zu treten mit dem, was wir im innersten Wesen sind: Noquan Kani – Ich Bin.

- „Aber wie ich dir schon immer sagte," – fuhr der Meister fort – „im Laufe der Zeit zerbrach leider diese Brücke zwischen uns selbst und unserem irdischen Sein *(= unsere Persönlichkeit)* und wir sind nicht mehr ständig in dieser Verbindung, sondern nur ab und zu..."

- „Darin liegt auch der Grund, warum jetzt unsere Persönlichkeit über unser Leben entscheidet, über unsere Zukunft. Es geht darum, unsere Persönlichkeit wieder in den Dienst unseres Lebens zu stellen und den wahrhaftigen Weg unserer Evolution – den wir verloren haben – wiederzugewinnen", dachte ich.

- „Das ist richtig. Alles, was die Murianer erreicht hatten, beruhte auf ihrer geistig-seelischen Entwicklung. Ihre prachtvollen Bauten überstanden jede Art von Erderschütterungen. Die Steinverbindungen waren von besonderer Art und verliehen den Gebäuden eine besonders hohe Stabilität. Wenn auch der Kontinent selbst sehr instabil war, so beherrschten seine Bewohner dennoch in bestimmter Weise die Natur.

Sie besaßen außergewöhnliche Fahrzeuge – einige davon bewegten sich schwebend fort, andere flogen. Nachts waren ihre Städte von hellen Lichtern erleuchtet. Sie verstanden es, mit besonderer Energie *(vergleichbar der elektrischen)* umzugehen. *(Die Essener erbten offensichtlich – sehr viel später – diese ‚Energie', denn es heißt, dass ihre Hauptstadt Quumram erleuchtet wurde und aus großer Entfernung schon die Wanderer in der Wüste Ägyptens dieses Licht erblickten, das von dieser Stadt ausging und den Himmel anstrahlte... vielleicht besaßen sie die Fähigkeit, die ‚Energie des Universums' anzuwenden...?)* Ebenfalls wussten sie die Sonnenenergie zu nutzen.

Religion und Wissenschaft waren bei ihnen eins, und alle Menschen hatten die Gelegenheit *(den Zugang)*, sich Wissen anzueignen und auszuüben, wie zum Beispiel auch auf dem Feld der Landwirtschaft. Diese war hoch entwickelt. Sie hatten Kenntnis von Heilpflanzen und Nahrungsmitteln und deren ausgewogener Verwendung.

Die Zahl vier *(tawa)* war ein heiliges Symbol für die Murianer, und für uns Menschen der Anden gilt dies in gleicher Weise. Die Zahl vier repräsentiert unser Dasein hier in dieser Welt und erscheint auch in den vier Elementen, die die physische Struktur unseres Körpers bilden. Die Zahl vier erscheint symbolisch als quadratisches Kreuz *(chakana)*; dieses Zeichen wurde später zu einem spirituellen Symbol in Initiations-Schulen und Religionen."

Der 3. Mai jeden Jahres ist auf der Südhalbkugel der Festtag der Sternenkonstellation „Kreuz des Südens". An diesem Tag huldigte die Landbevölkerung – so, wie es unsere Großeltern in der Vergangenheit noch taten – dem Himmelsgewölbe. Das Universum wurde als der Raum verstanden, wo jedes Wesen seinen Platz in vollkommenem Gleichgewicht mit anderen hatte, in vollkommen harmonischer Beziehung untereinander, entsprechend der Stellung der vier Sterne des Kreuzes des Südens.

Das Quadratische Kreuz, die Chakana, regiert alles. In seinem Mittelpunkt ist das vollkommene Gleichgewicht, die kosmische Harmonie, das Sein... die Fülle in gleichmäßiger Ausdehnung: Die Einheit in der Vielfalt – die Pluralität im Einssein...

- „Dieses Kreuz stellt also die Harmonie dar, das Gleichgewicht. Überall auf der Welt ist es bekannt *(universelles Symbol: in Ägypten, in Indien, bei den Christen etc.).* Ursprünglich war es von einem Kreis umgeben und stellte so das Universum als Anfang und Ende von allem dar – das heißt es war auch Symbol für Schöpfung, Entwicklung, Entstehung, von Leben...

Das Quadratische Kreuz finden wir in Stein eingegraben in Hoch- und Tiefrelief überall auf der Erde, besonders in den Anden, in Peru und in Bolivien *(Tiwanacu).*

(Als schöpferische Lebenskraft hat es in übertragener Bedeutung etwas zu tun mit der Geburt und dem physischen Tod des Menschen. Geburt hängt unmittelbar mit Tod zusammen, ebenso wie dieser wiederum Ursache für Geburt ist... Beide menschlichen Ereignisse geschehen ständig aufeinanderfolgend...)

Man sollte auch nicht vergessen,"- fuhr der Meister, meine Gedanken aufgreifend, fort, - „dass die Pachamama *(die Mutter Erde)* das schöpferische Prinzip an sich ist, im wahrsten Sinne des Wortes: Sie nimmt den Samen auf, lässt ihn freigiebig keimen, ohne etwas dafür zu fordern. Sie ist produktiv und zugleich rezeptiv. Sie erwartet in Ruhe, dass der Mensch sät, den Boden bearbeitet und, entsprechend den ihm bekannten Jahreszeiten, erntet.

Die Pachamama vereint Raum und Zeit, das heißt: Vergangenheit, Gegenwart und Zukunft entstehen in ihr und kehren zu ihr zurück. Sie ist also die universelle, ewig Gebärende, ihre Schöpfung immer beschützend..."

Das Quadratische Kreuz ist ein Symbol, und wie jedes traditionelle Symbol hat es keinen menschlichen Ursprung; es hat allgemeingültigen Wert. Es ist ein wahrhaftiges Symbol, verbunden mit den allerursprünglichsten Traditionen, und deswegen fähig, Wahrheiten zu vermitteln und in einer einzigartigen, höchst weisen Sprache den Menschen höhere Belehrungen zu geben.

In einem metaphysischen Sinn vereint es Gegensätze: Die senkrechte Linie stellt das aktive Prinzip dar, und die waagerechte das passive, ebenso das Männliche und das Weibliche im menschlichen Wesen. Die senkrechte Achse wird von den Menschen des Ostens als „Tätigkeit des Himmels" bezeichnet. – Im Zentrum des Kreuzes vereinen sich die Seinsweisen des Menschen: Die horizontale Ebene bedeutet Reflexion – vergleichbar einer ruhigen Wasseroberfläche. In allen

Traditionen wird sie auch mit dem Weiblichen oder dem Passiven in Verbindung gebracht.

So drückt sich im Quadratischen Kreuz die Vereinigung der Gegensätze aus, des Weiblichen mit dem Männlichen. In alten Kulturen wird immer wieder von diesem androgynen Menschen gesprochen: die Gegensätze im vollkommenen Gleichgewicht; das Eine ist nicht mehr als das Andere.

Die Form der Kugel als Zeichen der Vollkommenheit wird diesem Einssein symbolisch zugeordnet; in den Einweihungen spielt dieses Verständnis eine große Rolle...

- „Was du da als Reflexion durchdenkst, erscheint mir recht interessant", - sagte der Meister -, wie immer auf meine Gedanken reagierend...! – „Die Mitte des Kreuzes bedeutet den Äther, also das fünfte Element *(die fünfte Essenz der Alchemisten?)*, aber in Wirklichkeit ist es das erste, denn die weiteren vier beruhen darauf.

Im Mittelpunkt des Quadratischen Kreuzes treffen sich alle Gegensätze und gelangen zu Klarheit *(esoterisch formuliert: Dort ist der „Göttliche Zustand"!)*. Dort ist die unwandelbare Mitte, der Ort vollkommenen Gleichgewichtes. Wer dies versteht, für den gibt es keine Widersprüche mehr, keine Unordnung – alles ist in Harmonie und Frieden – alles ist endgültiger Ausgleich...

Dieses Wissen ist in uns tief verankert und noch heute wird dies Wissen an besonderen

Orten *(Einweihungsschulen?)* bewahrt und geschützt, damit der ernsthafte, demütige Sucher es dort finde und mutig weitersage, was er dort gefunden hat..."

In diesem Augenblick „fühlte" ich, dass der Meister nicht mehr anwesend war... er war gegangen...

Kapitel III

Nina Kancha

- „Wenn du dir ehrlich dessen bewusst wirst,"
– begann der Meister – „dass etwas in dir
deine Arbeit behindert, deine Aufgabe *(wenn
du sie entdeckt hattest)*, deine Beziehung mit
deinem Ehepartner, den Mitmenschen, dann
ist dies der Augenblick, innezuhalten, dich
zu besinnen *(gefühlsmäßig zu erspüren?)*
und dich auszurichten auf einen Wandel
(Veränderung der Einstellung?).

Das heißt, innerlich, im Geiste, wird sich
etwas für Veränderungen entscheiden, um
dann auch auf der äußeren Ebene eine
Verbesserung herbeizuführen. Du wirst also
handeln... in welcher Hinsicht, ist dabei nicht
so wichtig. Das, was zählt, ist die positive
Handlung. Es ist dein Herz, es ist deine
Liebe, die umwandelt *(die Haltung
verändert)*, was im Geiste du verstanden
hast, in Demut, um es in Liebe und voller
Sympathie zu akzeptieren und so auf den
Weg zu bringen.

Dann wirst du mit dir selbst in Harmonie
leben, mit dem ‚Noquan Kani' *(Ich Bin)*, das
du bist, dein wahres Wesen... wenn du dich
entschieden hast, ohne Hochmut, frei, dann
wirst du das, wozu du dich entschieden hast,
voller Freude leben, und inneres Gleichgewicht wird wieder zu dir zurückkehren.

Wir selbst – einzig und allein – sind es, die wir unser Handeln bewusst lenken können und müssen. Unseren Worten müssen wir den ihnen zukommenden Wert geben, die Gedanken mit Kraft füllen und unsere Gefühle mit Wärme. Dann wird sich auf der äußeren Ebene das verwirklichen, was wir innerlich sind...

Der erste Schritt muss ohne Furcht gegangen werden *(Gesetz der Gewissheit im Handeln?)*, unvoreingenommen *(was werden sie von mir denken?...)* und voller Freude, Begeisterung, Sicherheit. Lass den Wunsch, zu handeln, zu wirklichem TUN werden, ganz entschieden... immer ist noch Zeit zum Wandel, hab' keine Angst! *(Wollen gibt dir Kraft – dachte ich.)*

Vollkommen richtig, du selbst musst dich aufrichten mit festen, positiven, konstruktiven Gedanken! – *(Ohne Zweifel leitet der Meister uns ohne Egoismus, gibt uns Vorschläge und Rat, ohne zu beherrschen.)*

Nur an sich selbst denken *(Egoismus)*? Nein – es gilt zusammen zu arbeiten, dazu beizutragen, dass die Auseinandersetzungen der Macht aufhören," – antwortete mir der Meister – „um dadurch die Würde jeder Person zu respektieren und anzunehmen und das anzuerkennen, was ein jeder zu geben hat. So beginnt das Dienen... bereit sein, andere Ideen anzuhören. Füllen wir alles, was wir verwirklichen wollen, mit Liebe! Sie ist der stärkste Handlungsantrieb.

Wenn du so beginnst, bei dir selbst, dann fließt die Liebe in alle Richtungen, erfüllt und durchtränkt alle Menschen, die um dich sind, und auch die Umgebung, in der du dich bewegst.

Im Geben und Empfangen ist die selbe Kraft enthalten, und so ist der Nutzen auch wechselweise."

Danke dem Leben für die Gelegenheiten, in jedem Moment dienen zu dürfen; Danke auch für so viele Gaben!

- „Ich bin glücklich!" – sagte ich mit lauter Stimme.

- „Auf die Erde sind wir gekommen, um glücklich zu sein!" – sagte der Meister, wie immer mir antwortend... „Die Liebe selbst ist sehr viel schöner als die Worte, die von ihr sprechen *(wie recht hat der Meister!)*. Lass sie ständig fließen, damit das Leben und das Glücklichsein weitergehen. Glücklichsein bedeutet Fülle...

Es ist gut, dankbar zu sein. Die Dankbarkeit ist die Nahrung für Freigiebigkeit. Und – Inti *(Gott)* haben wir so sehr viel zu verdanken: - der Natur, die uns alles im Überfluss zukommen lässt, - der Luft, die wir einatmen; wie wenig Bedeutung geben wir ihr! Wie sehr sollten wir uns dessen bewusst sein, dass sie uns umsonst gegeben wird, und ohne sie würden wir in wenigen Minuten sterben...

Das Wasser ist Leben und für alle da, ohne Unterschied, fließt es durch unterschiedliche und unglaublich schöne Gegenden und beschenkt sie. Das Wasser strebt immer zum Ausgleich, bildet Buchten, Seen und Meere. *(„Das Wasser ist der Weg"... so heißt es in den Lehren der Alten Weisen.)*

Das Wasser ist der Ursprung des Lebens selbst. Nichts kann ohne es sein. Das Wasser möchte immer rein sein und ‚bittet' uns, es nicht zu verschmutzen. Es ist Leben. Du weißt außerdem, dass es im Wasser Leben gibt, dass darin einzigartige Wesen leben *(die Naturwesen des Wassers, bekannt als Nymphen, Sirenen, Undinen...)*, die immer bereit sind zu dienen, zu helfen, in gleicher Weise wie die anderen Elemente der Natur; du erinnerst dich, nicht wahr?"

- „Natürlich erinnere ich mich, mein geliebter Meister!" – sagte ich ihm. Ich glaube, er lächelte.

Die Befruchtung ist in ihrem Beginn praktisch fast nur Wasser, ungefähr zu 95%, der Körper des Menschen besteht ebenfalls aus Wasser, zu 70%. Im Wasser ist das Leben. Der Planet Erde, unsere Heimat, ist in weiten Bereichen Wasser, zu 70%. Das Wasser ist umrankt von Mysterien.

- „Eines Tages wirst du lernen, im Wasser ein Universum von verschiedenen Farben zu sehen *(die atomaren und molekularen Kristalle)*, ständig sich wandelnd, von

Moment zu Moment, als ob es nicht entdeckt werden möchte..., aber gleichzeitig ‚spricht' es zu dir, bringt zu dir die Botschaft dieser Welt der feinstofflichen Energien – und darin ist Universales Bewusstsein enthalten... Inti ist in allem...

Das Wasser enthält als regelmäßige Form das Sechseck, wenn es kristallklar ist, von den Bergen herabfließt, die Ebenen durchströmt – mit durchsichtigen Farben, voller Leben. Wird es verschmutzt, gerät es in Angst, verändert sich und wird dunkel. Am Zwitschern der Vögel hat es Freude, ebenso an sanfter Musik; es ‚tanzt' und bringt allen Gegenden, die es durchfließt, Gesundheit.

Niemals bleibt es gleich, immer wandelt es sich – vergleichbar dem Menschen..., der auch niemals das selbe Gesicht hat... Das Wasser hört uns zu, wenn wir mit ihm reden *(...und hören wir ihm zu, wenn es mit uns spricht?...)*; bitte es um Gesundheit, voller Liebe, und du wirst fühlen, wie es dich mit seiner Energie erfüllt... *(wie geschieht dies?)* Du musst seine Sprache entdecken lernen..."
– sprach mein Meister.

Es gibt wirklich keinen Zufall!... Es gelangte, über Freunde, ein wunderschönes Buch in meine Hände, das ausgerechnet von den neuesten Entdeckungen über das Wasser spricht und sie erläutert. Autor ist der japanische Forscher Masaru

Emato.[15] Was für außergewöhnliche Übereinstimmungen! Und Bestätigungen – für mich – für die Lehren meiner verehrten Kechua-Meister...

Emato hat außergewöhnliche Farbfotos gemacht und erklärt uns, dass seine Untersuchungen mit Wasser-Kristallen – die eine hexagonale Form haben! – offensichtlich bestätigen, dass sie Botschaften für uns enthalten, so als ob wir uns selbst anschauen...

Zitat: „Während der Vorgänge des Fotografierens war Tausende von Malen der Prozess der Kristallisation zu beobachten: eine ständige Veränderung! Und voller Erstaunen sehen und fühlen wir, wie das Kristall dabei ist, sich in eine wunderschöne Kristallform zu verwandeln, die uns tiefgehende Botschaften vermittelt. Es kommt uns so vor, als ob das Wasser uns etwas sagen möchte...“

Nahe bei Tokio wurde eine Probe Leitungswasser untersucht, es erschien keine Form der Kristallisation... Vielleicht ist dies das Los des Wassers in einer städtischen Umgebung? Vielleicht sind dort die zur Aufwertung notwendigen Substanzen nicht vorhanden?...

In Buenos Aires – Argentinien – wurden wunderschöne Kristallbilder erreicht, in Paris erfolgte die Kristallisation weniger leicht. Bei Quellwasser sind die beobachteten Kristalle besonders schön und transparent. An Orten, wo es

---

[15] „Wasserkristalle" von Masaru Emato, Koha Verlag, 2001

heißt, dass das Wasser heilkräftig sei, sehen die Kristalle wunderbar aus. Wasser möchte immer rein und klar sein.

Vom „natürlichen" Wasser – ich glaube, dies gibt es nur an wenigen Orten auf der Erde – würde man sagen, dass es in keiner Weise vom Menschen beeinflusst ist; in dem Fall gäbe es kaum natürliches Wasser... Und mit Chlor das Wasser zu reinigen bedeutet, es in unnatürliches Wasser umzuwandeln...

Das Wasser im ursprünglich reinen Zustand hatte die Fähigkeit, sich selbst zu reinigen, bestätigt Masaru Emato. Das Regenwasser dringt in den Erdboden und wird in tiefen Schichten gefiltert, und wenn in den Flüssen und Seen das Wasser verdunstet, wird es gefiltert und formt sich zu Wolken.

Leider ist der Mensch dabei, mit jeder Art von Umweltverschmutzung, u. a. mit Chemikalien, den Boden, die Flüsse und Seen zu vergiften. Dabei leiden in gewisser Weise auch die Quellen. Der Mensch greift mit künstlicher Umwandlung von Flüssen und Seen ein, zwingt zu verändertem Flusslauf, schafft dadurch ein Ungleichgewicht mit häufig katastrophalen Auswirkungen: Das Wasser sucht immer sein gleiches Niveau... –

Emato zeigt uns in eindrucksvollen Fotos in seinem Buch, wie bei unterschiedlichen Voraussetzungen und Bedingungen der Grad der Reinheit des Wassers sich wandelt. Das Quellwasser des Saijo – Hiroschima – zum Beispiel ist berühmt für das Reisgetränk „Sake" aufgrund seiner Reinheit:

Seine Kristallisierung – sagte Emato – ist deutlich ausgeprägt, mit großartigen Verzweigungen, ohne irgend einen leeren Raum dazwischen.

Die Eiskristalle aus der Antarktis besitzen ungefähr ein Alter von 370.000 Jahren; sie sind dennoch weniger ausgeprägt und schön wie gegenwärtige von besonderen Orten – eher vergleichbar mit nicht natürlichem Wasser, was wohl auf sein Alter zurückzuführen ist.

Die natürlichen Reinigungsvorgänge sind auch, nach den Worten von Emato, sehr viel wirkungsvoller als irgendwelche künstlichen. Das Regenwasser in den dichten Städten hat andere Kristallstrukturen als in ländlichen Gegenden.

Es gibt auch gegenwärtig Aussagen, die von der Möglichkeit eines „gewissen Grades an Bewusstsein" in den Pflanzen sprechen: Wenn man sich ihnen mit liebevollen und positiven Worten zuwendet, so wirkt sich dies in einem kräftigen, gesunden und schönen Wachstum aus.

Gebraucht man jedoch gemeine, harte und kalte Worte, so erkranken sie und gehen schließlich ein.

Pflanzen, die unserer Ernährung dienen, sollten auch Musik hören. Musik und auch Worte übertragen ihre Schwingungen über die Luft und haben auf das Wasser eine Wirkung wie kein anderes Element.

Die Alten Weisen betonen immer wieder, „das Wasser spricht zu dir, ebenfalls die Pflanzen, so wie die gesamte Natur – du solltest lernen, hinzuhören..."

Worte des Dankes, sanfte Musik wandeln in wunderbarer Weise die kristalline Struktur des Wassers. Emato legte auf eine der Wasserproben zum Beispiel das Wort „danke" und auf eine andere das Wort „dumm"; am folgenden Tage wurden die Proben, ohne den untersuchenden Forschern vorher irgendwelche Hinweise zu geben, überprüft: Welche Überraschung! Bei den verglichenen Proben gab es hinsichtlich der Kristalle ganz auffällige Unterschiede – strahlend helle und wunderschöne Gestaltung bei denen, die das Wort „danke" bekommen hatten, und ein kränkelnder, dunkler, „furchtsamer" Ausdruck bei den anderen... Können sie lesen?...

Rufen wir uns in Erinnerung, dass es in dieser Welt nichts Wichtigeres gibt als die Liebe und die Dankbarkeit: Mit diesen Formulierungen verändert sich in wunderbarer Weise das Wasser in unserer Umgebung und in unseren Körpern selbst; jede Zelle unserer physischen Struktur wird energetisch aufgeladen.

Eine weitere Überraschung tauchte bei den Forschungs-Ergebnissen bei Emato auf: Für das Wasser ist es nicht dasselbe, ob zu ihm gesagt wird, „Tu dies!" oder „Lasst es uns tun!"... Die zweite Formulierung erzeugt in den Kristallen Bewegung, Tanzen, Freude und Musik; die erste Formulierung dagegen bewirkt vollständigen Stillstand...

Auch wenn wir unseren alltäglich gebrauchten Worten keine Achtsamkeit zukommen lassen, ergeben sich dennoch immer Wirkungen, auch wenn wir sie nicht bemerken...

Dies geschah auch mit den Worten „Schönheit" und „Schmutz": Bei ersterem entstanden wunderschöne Kristalle, beim zweiten hässliche.

Merkwürdig – sehr merkwürdig: Das Foto eines geschmolzenen Wasserkristalls zeigt eine Figur, die in der chinesischen Kalligraphie „Wasser" bedeutet!

Die Sechseck-Form des Kristalls wandelt sich und wird immer schöner, wenn man dem Wasser das Foto eines unschuldigen Kindes zeigt...

Der wichtigste Tag in Japan heißt „Amaterasu Omikami". Dieser Name wurde auf einem Stück Papier an eine Flasche mit einer Wasserprobe angebracht... und – welche Schönheit! Es ist unbeschreiblich... wie sich das Wasser ständig wandelt...

Und wie Emato sagt, alle Substanzen würden geprägt von einer bestimmten Kombination der Atome. Diese bestehen aus Elektronen und einem Atomkern. Der Kern ist positiv und die Elektronen negativ geladen, und diese kreisen um den Kern in äußerster Geschwindigkeit und lassen dabei Wellenschwingungen sich ausbreiten, die „Hado" – oder „Chi" – genannt werden.

Diese Bewegung bildet ein Muster, ein Feld magnetischer Resonanz. Dieses Muster bleibt nie gleich, das heißt, nicht zwei Muster gleichen einander... Dies nennt die moderne Wissenschaft „Chaos". Auf der Ebene des Atomkerns gibt es Regelmäßigkeiten, aber die Elementarteilchen, die sich in den Atomen befinden, sind nicht regelmäßig, gemäß moderner Wissenschaft.

Der Grund, so sagt Emato, liegt in dem Bewusstsein der Forscher, deren Sichtweisen nicht immer übereinstimmen, und dies beeinflusst das Verhalten der Elektronen... Die Welt des Neutrino befindet sich auf der selben Bewusstseinsebene wie die der menschlichen Wesen...

Wie wichtig ist es also für den untersuchenden Forscher, immer positiv und rein in seinem Bewusstsein zu sein, um sich bei seinen Nachforschungen ein jedes Mal mehr der Wahrheit anzunähern...

Das „Hado" ist ein sehr wichtiges, von der Wissenschaft im allgemeinen viel zu wenig beachtetes Phänomen einfach deswegen, weil es unsichtbar ist... „Hado" – das ist die kleinste Einheit der unsichtbaren Energie... Akustische und elektrische Schwingungen enthalten ebenfalls „Hado".

Denken wir an den Versuch mit Stimmgabeln – sagt Emato -; wenn wir zwei mit der gleichen Schwingungsfrequenz nebeneinander legen und eine erklingen lassen, so überträgt sich der Klang von der einen zur anderen ohne physischen Kontakt. Dies nennt man „Resonanz". Diese Methode der Kraftübertragung durch Resonanz wird in Fernsehern, Radios, Mobiltelefonen, etc. angewandt. Vieles um uns herum benutzt dieses „Hado"-Prinzip, und auch Apparate mit magnetischer Resonanz wurden erfunden.

Mein Meister Amaru fuhr fort:

- „Inti *(die Sonne)* schenkt uns Wärme, lässt Leben sprießen, und beim Betrachten des täglichen Sonnenuntergangs werden wir uns der ständigen Erneuerung bewusst. Steht sie am Mittag inmitten des Himmels, erleben wir Fülle, Harmonie, Glück und Überfluss. Beim Sonnenuntergang werden wir daran erinnert, dass es Zeit ist, nach Hause zu gehen *(nach innen?)*, uns zurückzuziehen, zu meditieren, uns wieder zu finden.

Mit der Sonne fühlen wir uns sehr verbunden, welche, wie du ja weißt, ein Symbol *(im spirituellen Sinne)* von Inti *(Gott)* ist – von dem, „Der das Leben gibt". Sie ist eine Quelle des Lichtes... wenn du dir dieses Eins-Seins bewusst bist, dieser Beziehung, wirst du immer Inti *(Sonne)* spüren können... Jeden Tag geht sie für alle auf.

Wenn du den Wandel in deiner Haltung erreicht hast, fühlst du dich glücklich, voller Freude – und die Freude ist der Ausdruck von Glück; so lernst du zu lachen... Was andere von dir denken" – sagte mein Meister-, „wovon du dich betroffen fühlst – sei es aufgrund von Eifersucht, Neid, Kritiksucht, Argwohn - : Mit dem Lachen deines

Herzens fühlst du dich gut, auch dein Magen, deine Muskeln, all die Funktionen deines Körpers bis hin zum Gehirn – und du bist schöpferisch, dein Handeln wandelt sich.

Singe! *(Wer singt überhaupt?)* Ja, singe... tanze! Nimm das Leben nicht so ernst - , merke dir gut, was ich da sage. Singe – und sei es leise, innerlich – aber: singe! Dies wird dich glücklich machen, und glücklich zu sein ist wichtiger als immer recht zu haben...

Das Lächeln ist so wichtig, und es kostet nichts..., kein Geld kostet es, keine Zeit, keine Anstrengung; du entspannst vollkommen, das Lächeln besänftigt, die Angst schwindet, ebenso der Zorn, und dabei erblühen die besten Eigenschaften des Menschen... die Energie des Lachens nährt deinen Körper."

Als ich meine Kechua-Meister kennen lernte, beeindruckte mich besonders, welche Lachkaskaden sie auslösten - , und sie tun dies noch weiterhin... und ich lernte, mit ihnen zu lächeln... Was für ein falsches Bild hatte man sich von den Meistern gemacht! Immer stellte man sie sich ernst vor, ohne Lächeln oder Scherze, ein wirklicher Meister ist aufrichtig, drückt sich schlicht aus, ist demütig, lächelt, scherzt, spielt...

Als ich sie so kennen lernte, zweifelte ich zunächst an ihnen als Meister... Die Liebe, die aus ihrer Freude spricht, lässt sie uns manchmal als zu menschlich erscheinen... außerdem durfte ich ihnen sehr nahe sein, sie fühlen, sie berühren, sie umarmen, - und „man hatte mir gesagt", Meister könne man nicht berühren... Welch ein Irrtum!... Die Freude dieser Wesen ist wie ein unendlicher Tanz...

Es ist das Höchste Wesen – Gott - , das sich in jedem Körper und in jedem Spiel zum Ausdruck bringt... Es ist das Bild des Inti, das uns Kraft schenkt und uns wachsen lässt.

- „Ernst?" – sagte der Meister – „Der Ernst ist eine Maske, um etwas vorzuspielen, um als etwas zu erscheinen, was man in Wirklichkeit nicht ist – und dies lässt uns altern... Die Quelle des Jungseins ist das Lachen. Jesus war ein wahrhaftiger Meister" – dies sagte er voller Emotion – „und Er lachte immer, spielte, scherzte. Es ist an der Zeit, ihn vom Kreuz herunter zu holen... Er braucht nicht akzeptiert zu werden, anerkannt, angebetet, um die Christliche Essenz zu sein, die Er ist...

Er ist – und war es immer – der Inti, der in unserem Leben erstrahlt. Er ist das immerwährende Vorbild, jenseits jeden Alters, wie unsere weisen Vorfahren, Söhne der Sonne... *(Niemals hatte ich ihn so sprechen gehört!)*

Die Veränderung des Verhaltens beginnt in dir, in dir selbst, und besteht im Dienen – als Grundlage für dein eigenes Wachsen – und um anderen zu helfen bei ihrem Wachsen. – Dies verlangt Weisheit; diese Weisheit wird dein Herz öffnen, um das zu werden, was du bist: göttliches Bewusstsein... und diese Weisheit wird dir helfen, zu verstehen, wie du durch jede Erfahrung lernst, sei sie positiv oder negativ. Du wirst hinter die Erscheinung der Dinge schauen und zur wahren Bedeutung deines Wandels gelangen und in Demut diese Wirklichkeit akzeptieren.

Handle wie ein Kind – ohne Vorurteile, offen und frei *(authentisch?)*; gib dich immer so, wie du bist. Wir müssen dem Kind in uns Spielraum geben, ohne Angst, voller Klarheit, ohne Maske. Unser inneres Kind versteht zu lachen... und Lachen ist die Musik des Inti *(des Geistes)*.

Ich weiß nicht, warum alle so ernst sein wollen. Ich glaube, sie fühlen oder denken, etwas von ihrer Persönlichkeit zu verlieren gegenüber der Gesellschaft, wenn sie ein bisschen Humor haben...; wenn sie einfach nur Mensch sind... Ein Mensch ohne Lachen ist wie ein trockener Baumstumpf... und ein trockener Baumstumpf ist tot.

Die Vernunft hat Sinn für Humor; mit Humor kannst du in allem einen Sinn erkennen. Und der Sinn des Humors liegt im Loslassen, im Entspannen – wenn auch die Gesellschaft dich etwas anderes lehren möchte: nicht vor Erwachsenen zu lachen, nicht vor deinen Lehrern, in der Kirche nicht vor dem Priester *(und ich kann nicht glauben, dass Jesus nicht lachte... welch größeres und bedeutenderes Wesen ist je auf der Erde gewandelt?).*

Das Leben ist etwas Wunderbares: Es ist Freude, es ist kosmische Glückseligkeit. *(Wie merkwürdig – das einzige Lebewesen, das lacht, ist der Mensch – kein Tier tut dies natürlicher Weise, nicht die Bienen, nicht die Ameisen, nicht das Pferd...)* Einzig der Mensch kann lachen und der, der lacht, gewinnt physische, seelische und geistige Gesundheit.

Beim Lachen sind wir weit weg von Eitelkeit, vom Ernst des Ego, erlauben uns, ganz wir selbst zu sein, ohne die Gefahr von Hochmut...

Wer glaubt, Religion sei etwas sehr Ernstes, ist auf einem Irrweg. Religion bezieht sich aufs Leben, bedeutet Glücklichsein, Gesang, Tanz, Lachen. Religion muss in uns leben, in unserem Körper gefühlt werden, im Blut zirkulierend. Religion ist keine Theorie. Viele glauben an Theorien, an so viele Theorien, und werden dadurch ganz ernst... Dies ist keine wahre Religiosität, kein wahres Wissen... Es ist wie eine schwere Last über uns, von der wir uns befreien müssen, um zu spüren, was wahrhafte Religion bedeutet, - um zu lernen zu lachen, das Leben zu feiern, und auf diese einfache Weise Gott zu danken.

Das Lachen sollte aus dem Herzen kommen, sollte fließen. Es sollte nicht erzwungen, nicht beeinflusst werden aus irgendwelchen Gründen, die nichts mit Freude zu tun haben. Das Lachen sollte aus deinem Innersten nach außen kommen, von dort, wo du wirklich bist...

Lasst uns von den Kindern lernen, wie sie voller Unschuld, voller Reinheit lachen – absichtslos, ohne Hintergedanken *(dies wäre wie ein Verschmutzen und ein Zeichen von Überheblichkeit)*. Lasst uns lachen, und so werden wir auch lernen, jegliches Hindernis zu überwinden und – was auch zufällig geschieht – alles als sinnvolle Erfahrung zu sehen für unser Wachsen. Dennoch mag es auch schwierige Momente geben, die uns zum Weinen bringen... Aber Weinen ist kein Zeichen von Schwäche oder Feigheit, sondern es geht einfach nur darum, authentisch zu sein, menschlich, und so zeigen die Tränen, dass du lebendig bist: Du lachst – und du weinst.

Es ist nicht die Welt, die sich verändert, sondern wir verändern uns. Und diese Veränderung bedeutet Verantwortlichkeit, Vertrauen, und damit können wir Herausforderungen meistern und sie als Lernerfahrungen sehen.

Die Erkenntnisse aus diesen Lernerfahrungen sollten wir wertschätzen und würdigen und in dem, was geschieht, all das Gute erkennen, all die Hilfe, - und so verstehen wir den Sinn von Schwierigkeiten.

Sprich immer ruhig und klar und gib dadurch deinen Worten eine Bedeutung. Achte auf die rechten Worte – so wirst du niemanden verletzen, demütigen oder verachten."

Kürzlich las ich in einer Zeitschrift oder einem Buch etwas, das sich genau auf diese Wertschätzung unserer Worte bezieht: „Du kannst sicher sein: Wenn in einem Volk eine abfällige, zersetzende, verachtende Wortwahl zur täglichen Gewohnheit wird, so ist dies ein Zeichen, dass eine Phase der Selbstzerstörung begonnen hat... Das hat nichts zu tun mit Moral. Das Universum kennt keine Moral, denn es ist unparteiisch. Wenn wir die vollkommene Liebe suchen, so können wir uns nicht auf den Begriff der Moral beziehen. Moral ist unvermeidlich etwas rein Menschliches..."

- „Übe dich, liebevolle, warme Worte zu gebrauchen; so schaffst du eine Kraft, die den Menschen bei ihrem Wohlergehen hilft: Ihre innere Kälte kann sich auf diese Weise verändern und wir lassen dadurch unseren Mitmenschen ihre freie Wahl zur Veränderung, ohne dass wir uns dabei wichtig machen. Einfach alles voller Liebe aussprechen, und auch entsprechend handeln..., ohne eigenen Nutzen dabei zu beabsichtigen – mit der inneren Reife, die das Leben dir beschert hat beim Entwickeln deiner Fähigkeiten, während du heranwuchsest.

  Sprich, wenn du den inneren Antrieb dazu spürst, und deine Stimme wird klar und rein klingen, wohltuend, wie liebkosend – oder du bist einfach still, hörst hin...

Sei geduldig, voller Vertrauen, und lass dir Zeit. Stell dich *(deine Persönlichkeit?)* nicht gegen den Lauf der Dinge, - habe Mut. Voller Optimismus und Harmonie schreite weiter voran, mit Ausdauer, und sieh, was das Leben jeden Tag lehrt und wie Ungeduld und Enttäuschung sich auflösen, sich umwandeln in Ruhe und Sicherheit.

Spüren wir Negatives auf uns eindringen *(Eifersucht, Neid, Ehrgeiz...)* und bewirkt dies Schwierigkeiten für uns, so will uns das etwas lehren und wir sollten dankbar sein, können wir doch dadurch Einstellungen und negative Aspekte in uns entdecken, die wir bisher nicht kannten.

Diese Haltung verlangt von uns vollkommene Ehrlichkeit. Sie befreit uns vom Zweifel *(von Unsicherheit?)* und erlaubt uns, in der Fülle der Gegenwart zu leben. Natürlich irren wir uns manchmal, deswegen ist Einsicht so wichtig.

Und wenn es die Natur ist, die Schwierigkeiten bereitet, so verzweifle nicht; vielleicht sollst du Geduld lernen und möglicher Weise legt auf diese Art das Leben eine weitere Prüfung auf deinen Lebensweg und hilft dir bei deinem Wachsen...‟

Herausforderungen dienen dazu, zu lernen, auf sie in angemessener Weise zu reagieren – ohne uns zu beklagen, ohne andere anzuklagen, zu verletzen, so dass wir vermeiden, dass sie sich von uns entfernen, also zum Beispiel Kinder und

Jugendliche zu akzeptieren, aber zu unterscheiden, in wie weit jegliches Verhalten toleriert werden kann.

- „Der Wandel in der Haltung *(ich gehe davon aus, dass damit eine positive, konstruktive Haltung gemeint ist – dachte ich)* führt zu einem Miteinander, zum Für-einander-da-Sein, wie gesagt: zum Dienen." –

Es entstand ein längeres Schweigen; ich fühlte, wie er mich betrachtete, und ich bin mir sicher – er war nicht ganz einverstanden mit dem, was ich „sagte"...

- „Wir sprechen von all dem Guten, was das Leben uns täglich anbietet, und nicht von den menschlichen Fehlern, die alltäglich Verhängnisvolles bewirken... *(Nun gut, er erregte sich – oder vielmehr glaube ich, störte ihn mein Gedanke.)* Das Miteinander bringt uns Freude, das Dienen schenkt uns Lebenskraft, wir kümmern uns um das Wohl des Anderen – sei es ein menschliches Wesen oder irgend eines in der Natur – so als sei es unser eigenes Wohl, und so gelangen wir zu einem tieferen Bewusstsein von Liebe.

Dabei lernen wir: Je mehr wir geben, desto mehr Raum ist zum Empfangen. In unserer inneren Stille lernen wir hinzulauschen zu den Bedürfnissen unserer Mitmenschen *(Intuition?)*. In dieser Stille nehmen wir auch uns selbst wahr, und wir horchen hin zu den vielfältigen Erscheinungsweisen der Natur –

zu dem, was uns das Wasser ‚sagt', hören die Botschaft des Windes und wie die Bäume zu uns ‚sprechen'. Und so werden wir lernen, die Gedanken und Gefühle im gesamten Raum um uns wahrzunehmen *(vielleicht die Akasha-Chronik?)*. Dies bedeutet, auf unser Herz zu hören... Wir sind ja inmitten unseres Herzens!" – sagte er mit Nachdruck.

„Wenn du dich in diesem Prozess der Veränderung befindest – ohne Egoismus, ohne Eitelkeit, voller Mut," – sagte er zu mir so leise wie nur möglich – „dann werden Stolz, Hochmut und Eitelkeit aus deinem Leben verschwinden, und so vollzieht sich tatsächlich ein konstruktiver Wandel in deiner Einstellung. Ja, gewiss musst du mutig dich deinen Eigenschaften stellen, sie sind ständig gegenwärtig.

Ich sagte dir schon, dass du in diesem Vorgang der Veränderung auf deine Intuition zu hören lernen musst; sie ist unabhängig von deinem Gehirn *(jenseits der Logik und des rationalen Denkens?)*. So wirst du mit deiner inneren Haltung immer mehr auf dem rechten Weg sein; die Zweifel lösen sich auf, denn die Intuition ist eine Eigenschaft des Inti *(des Ichs?)*.

Ja, von dir selbst. Oh!... Muss ich dich etwa daran erinnern, dass du selbst Inti *(Geist)* bist? Und dass du nicht dein Körper bist?..."

Und voller Geduld begann mein Meister, mich wiederum zu belehren über den Geist, über das, was ich bin, und was ich nicht bin, nämlich der Körper. Mit ergreifenden Worten sprach er ein weiteres Mal über „Person" und „Persönlichkeit" und wie sie in unserem Leben eine Einheit bilden, wobei „Person" unser unsterbliches Sein ist, und „Persönlichkeit" – das ist unser vergängliches Sein, unsere Eigenschaften und körperlichen Fähigkeiten. So sprach mein geliebter Meister Amaru Cusi Yupanqui.

- „Die Intuition ist deine ganz eigene Fähigkeit, unabhängig von deiner Persönlichkeit, und die Liebe, die du fühlst, lässt von dir eine Kraft als natürliche Qualität *(als Geschenk)* auf deinen Weg strömen und ihn erleuchten. Das große Geheimnis von allem ist die Liebe! Und aus Liebe fühlst du die Verbundenheit mit allem, aus Liebe schaffst du in deinem Leben alles voller Begeisterung, das heißt du bist bei allem, was du verwirklichen möchtest, ganz dabei.

Die Begeisterung lässt die schöpferische, göttliche Kraft in dir aufflammen, schenkt deinen Inspirationen Leben, du siehst in deinen Mitmenschen ihre Qualitäten, du weißt sie zu achten und hilfst ihnen dabei, das Gute zu verwirklichen.

Du bringst Ordnung in dein Leben, indem du Vorrangiges zuerst tust und deine Zeit wertschätzt und sinnvoll einteilst, flexibel *(nicht strikt)* und in harmonischer Übereinstimmung – mit deinen Gefühlen, Gedanken, Worten und Handlungen *(Ent-sprechung von Worten und Taten)*. Deine Worte sollten die Kraft des Handelns enthalten und sich nicht in unnötigen Wortwechseln verlieren.

Wenn du deine Zeit wertschätzt, wirst du die Bedeutung der Gegenwart erkennen: in ihr zu leben, ohne dich voller Schuldgefühle in die Irrtümer der Vergangenheit zu verstricken. Wie wichtig ist es doch, dir selbst zu vergeben: dein negatives Handeln *(in unmittelbarer oder weit zurückliegender Vergangenheit)*, was du aus Mangel oder aus Unwissenheit begangen hast, und – das Jetzt ist immer da! Lebe es in Fülle!

Dies ist das Wichtigste in deinem Leben – die Gegenwart. Schau nicht zurück, lass alle Qual ruhen, das Vergangene ist vergangen und dein Leben geht weiter, hat seinen eigenen Wert – in der Gegenwart.

Dieses Verständnis wird dir helfen, innere Ruhe zu erlangen, nicht in Eile zu sein und ungeduldig sofortige Ergebnisse zu erwarten, nicht in die Verzweiflung zu gehen, sondern in dieser unruhigen Welt die innere Stille zu bewahren. Lebe in Harmonie mit dir selbst – ohne Extreme, denn die Extreme schaden. Suche immer nach dem Gleichmaß, der Mitte.

In der Betrachtung der Natur lernen wir sehr viel. Schau dir das Wasser an: In vollkommener Sicherheit gibt es sich hin, und so kann es alle Tiefen auffüllen, denen es begegnet. Es passt sich an *(formt sich?)* entsprechend den physikalischen Gesetzen: Es reinigt, fließt überall hin, ist beweglich, nährt alles. Die Klarheit und Transparenz dieses ‚Verhaltens' sollte uns als Beispiel dienen, uns von Unsicherheiten zu befreien, von Ängstlichkeit, um so aus unserem Leben das Beste zu machen, die Nebel zu zerstreuen, die unseren Blick trüben und unser inneres Inti-Licht *(den Geist)* verschleiern und unsere wahre innere Wärme uns nicht fühlen lassen.

Die innere Sicherheit *(der Optimismus)* hilft uns bei allen Herausforderungen. Lass dich auf Abenteuer ein und lebe sie; erlebe in ihnen das Kreative, das Positive, und lass all dein Sehnen und Streben Wirklichkeit werden. Schaffe dafür die besten Voraussetzungen.

Um unsere Energien in die richtigen Bahnen zu lenken, müssen wir also uns wachsam beobachten, wie wir in schwierigen Situationen reagieren, angesichts von Herausforderungen. Erkennen wir in Demut unsere Irrtümer an, können große Veränderungen in unserem Leben vor sich gehen, bis wir uns schließlich an dem, was wir tun, erfreuen können: Wir fühlen, wie wir, wenn wir uns so dem Leben hingeben, gleichzeitig geben und empfangen. *(Das Wichtigste – so dachte ich – ist ganz schlicht die Hingabe.)*

Jawohl, so ist es, das Wichtigste beim Geben und Empfangen ist diese Einstellung der Hingabe, das heißt sich hingebungsvoll in das positive, dienende Handeln hineinzugeben" – antwortete mir der Meister. „Uns diesem Dienen verpflichtet zu fühlen, dies führt dazu, dass die Hilfe aus den Höhen zu uns kommen kann und wir die Kraft zum Dienen erhalten – zum Dienen entsprechend unserer inneren Berufung, zum Dienen voller Überzeugung, zum Dienen voller Freude.

Wir sollten uns frei machen von der Notwendigkeit, Dinge zu besitzen, von Personen abhängig zu sein *(loszulassen?)* oder in andere Welten *(Bewusstseinsebenen?)* Zugang bekommen zu wollen. Und so werden wir auch erkennen, dass Dinge *(Materie)* nichts Endgültiges sind, nichts ewig Währendes: - eines Tages sind sie nicht mehr.

Verstehen wir dies in der rechten Weise, so wird das Leben in seiner Fülle fließen, und wir werden alles mit größerer Bewusstheit erleben.

Es geht darum, innerhalb eines gewissen Rahmens loszulassen *(nicht anzuhaften)*, wobei dies nicht bedeutet, wenn man Personen loslässt, dass man gleich vollkommen auf sie verzichtet oder sie vergisst, nein, sondern: es zu schaffen, ohne sie zu leben.

Der Einstellungswandel bedeutet einen Neubeginn *(eine Einweihung?)*. – Ja, eine Einweihung! Denn so – wenn es auch manchmal schmerzlich ist – bringen wir in ehrlicher Weise das ans Licht, was wir ändern wollen, um unser Dienen zu vervollkommnen.

Einweihung – das bedeutet nicht, hochmütig oder stolz zu werden, sondern eine tiefe Verinnerlichung zu erfahren, zutiefst in uns selbst zu ruhen und in uns die Sonne zu entdecken, die wir sind. – Und so geschieht Umwandlung, so bereiten wir uns vor, auch in der äußeren Welt aktiv zu sein, in voller Kenntnis der Kraft unserer inneren Sonne.

Um dieses Thema zu beenden, möchte ich dir sagen *(und ich hörte eine gewisse Traurigkeit in der Stimme meines Meisters)*, dass der gegenwärtige Mensch der Anden die Gelegenheit nutzen muss, die das Leben in jedem Augenblick immer wieder von neuem ihm gewährt. Nutzt er sie nicht und bringt er nicht mehr Werte in sein Leben, so wird er weiter in der Unwissenheit verweilen. Um sich zu wandeln, müssen die Gaben des Lebens geschätzt werden.

Ich habe den Eindruck, der Tag morgen wird anders werden" - , sagte der Meister. – „Morgen, sehr früh, werde ich dich dort erwarten, wo wir uns zu Beginn getroffen hatten *(an der Mole des Hotels?)*... Wir werden über den Titicaca-See fahren und erst übermorgen zurückkehren..."

Es war sehr kalt, aber wie angenehm ist diese trockene Kälte bei Puno! Wir befinden uns dort in einer Höhe von 3800m über dem Meer.

Der Tag begann mit einem wunderbaren blauen Himmel, wolkenlos, die Sonne war noch nicht aufgegangen und mein Meister Amaru war schon unten an der Mole und sprach mit einem Bootsbesitzer, der uns offensichtlich irgendwo hin bringen sollte...

Es erschien mir ganz natürlich, ihn so zu sehen – sehr „aufrecht" wie immer, mit seinem braunen Ponche, an dem eine grüne Kante sich abhob, und natürlich trug er auf seinem Kopf die indianische Mütze („chullo"), die seine weißen Haare verdeckte...

Die „Wunder", die ich mit den Meistern erlebt hatte, kamen mir inzwischen ganz natürlich vor... So fragte ich mich gar nicht, wie er hierher gekommen war oder wie er überhaupt erscheinen konnte... Der Verstand spielte dabei für mich keine Rolle mehr; alles, was geschah, nahm ich, wie es kam, egal, wie es mir vorkam...

Etwas übermütig näherte ich mich ihm, um ihn zu begrüßen, und während er noch mit dem Bootsmann sprach, umarmte ich ihn von hinten und spürte dann seine väterliche Liebe, als er meine Hände berührte – welche Gefühle wallten da auf! – Nach kurzer Zeit drehte er sich um und umarmte mich.

- „Hast du gut geschlafen?" – fragte er mich.

- „Was für eine Frage," – antwortete ich ihm – „du weißt doch, wie ich schlief!"

Er lächelte und sprach weiter mit dem Bootsbesitzer.

- „Dieses ist mein Sohn!" – sagte er zu ihm und zeigte dabei auf mich...

Der Mann schaute überrascht auf mich... Vielleicht sah er Ähnlichkeiten bei unserer Haartracht...[16] und auch ich war überrascht, aber mir gefiel, was er sagte – welch eine Ehre: Er nannte mich „Sohn"! Nina Sonquo[17] hat dies genauso getan. Ich bin also ihr Sohn. Ich nehme an, der Bootsmann verstand nichts.

- „Lasst uns einsteigen" – sagte Amaru, und so fuhr das Boot los. Ich fragte nicht, wohin wir fuhren... Ich stand neben meinem Meister.

Nach mehreren Stunden kamen wir auf Amantani an, einer wunderschönen Insel der Kechuas, gegenüber liegt Taquile, eine nicht minder schöne. Wir stiegen aus dem Boot aus und begannen in Begleitung einiger Kechuas, die uns erwartet hatten, den Hang emporzusteigen. Diese begrüßten ehrfürchtig Amaru und sagten ihm, alles sei vorbereitet.

Was wird wohl geschehen? – fragte ich mich im Stillen, als wir zu den weit verstreuten Behausungen des Dorfes an den Hängen des

---

[16] Anton Ponce hat auch weiße Haare.
[17] Sein Meister aus „Weisheit der Anden – Band 1"

Berges gelangten. Frauen, einige mit, einige ohne Kinder, betrachteten uns und begrüßten uns, während wir die schmalen Pfade entlang schritten, die die Häuser miteinander verbinden. Zweifellos waren wir für sie merkwürdige Wanderer – zumindest ich -, die zum ersten mal auf diesem gesegneten Boden einen ganz besonderen Ort betraten, wo in der Abgeschiedenheit verborgene Geheimnisse bewahrt wurden...

Wir wurden eingeladen, im Haus von... - ich erinnere mich nicht mehr an seinen Namen – zu Mittag zu essen. Dort waren wir auch untergebracht. Und danach stiegen wir mit drei Begleitern noch bis zum „Pacha Tata".[18] Dort grüßte, in großer Ehrfurcht, Amaru den Ort und begann eine Art Tanz, wobei er Füße und Hände rhythmisch bewegte, so als ob er für sich innerlich Musik hörte... Es ist möglich, dass es auch so war...

Unsere drei Begleiter und ich setzten uns in gleichem Abstand in den vier Himmelsrichtungen auf den Boden. Nach der Zeremonie beteten wir gemeinsam... und Stille breitete sich aus...

Nach ungefähr drei Stunden begannen wir den Abstieg zum Dorf, zu unserer Unterkunft. Die Nacht umhüllte uns mit ihrer tiefen Dunkelheit, und wie strahlende Lichtfünkchen erschienen die Sterne am Firmament. Sie schienen „in Reichweite" zu sein, wie mit den Händen zu greifen –

---

[18] Es gibt auf Amantani zwei Berge: Pacha Tata („Vater Erde") und Pacha Mama („Mutter Erde").

dennoch war die Nacht ganz finster, man sah so gut wie nichts.

Bis zu diesem Moment teilte mir „mein geliebter Vater und Meister" nichts mit, das heißt, er ignorierte vollständig, welche tiefgehende Erfahrung diese Nacht für mich bedeutete: Sie war für mich voller Zauber.

Ich war in einem Zimmer untergebracht, das unter dem lag, wo Amaru wohnte. Er unterhielt sich - ich weiß nicht mit wem -, es schienen mehrere zu sein. Nach ungefähr dreißig Minuten kamen sie herunter. Er rief mich, ich löschte eine kleine Kerze auf einem Tisch und verließ das Zimmer, warm angezogen wegen der strengen Kälte. Auch die anderen hatten ihre warmen Ponchos umgelegt.

Ich kannte niemanden, die Drei von der Wanderung zum Pacha Tata waren nicht dabei. Es waren sieben. Schweigend verließen wir das Haus und folgten meinem Meister. Ich ging dicht hinter ihm, um nicht fehl zu gehen oder zu fallen, denn man sah absolut nichts in dieser dunklen Nacht – ich glaube, sie hatten eine „innere Laterne"...

So wanderten wir durch die Finsternis, ganz bewusst langsamen Schrittes. Ich weiß nicht, wohin es ging; das Gelände schien zu steigen, ich hörte das Rauschen eines kleinen Baches. Schließlich, nach etwa einer Stunde oder mehr, gelangten wir in eine Gegend, die mir ebener erschien.

- „Hier ist **Nina Kancha**" – sagte einer von ihnen. Wir sahen vor uns ein großes Feuer, das die

Umgebung erhellte. Beim Näherkommen unterschied ich drei Personen – die vom Mittag! Einer
davon war der Hausbesitzer, er schürte das Feuer.
Ein Klafter Holz von mehr als 3m Länge und gut
1m Höhe war in Flammen. Es war sehr angenehm,
der Wärme nun so nahe zu sein. Auch die wohl
recht lange Wanderung hatte den Körper ein
bisschen erwärmt.

Wir begrüßten uns gegenseitig, dann legten
die Zehn und mein Meister ihre Ponchos ab und
stellten sich seitlich jeweils zu fünft neben das
Feuer, auf diese Weise einen Gang bildend. Es war
windstill. Mein Meister zog seine Gummisandalen
aus, setzte sich an eines der Enden des brennenden
Holzstapels und gab mir mit einem Zeichen zu
verstehen, mich ans andere Ende ihm gegenüber zu
setzen.

- „Zieh deine Schuhe aus!" – kam seine
Aufforderung, wie immer liebevoll, wenn auch
bestimmt...

Ich vermutete, was kommen würde!... Mein
Meister „schritt" – wenn man das so nennen kann,
was er tat – über den brennenden Holzstoß; durch
die hell auflodernden Flammen! Ich dachte, seine
Kleidung müsste brennen. Und so schritt er langsam voran... und gelangte dorthin, wo ich mich
befand; seine Füße zeigten keinerlei Anzeichen,
dass sie über das Feuer gegangen waren, seine
Kleidung war überhaupt nicht angesengt, und ihm
war kein Schmerz anzumerken... so ließ er sich
neben mir nieder – er war sehr groß! Er schien mir
ein Riese zu sein, - wirklich ein Riese!

- „Wir sind schon so oft gestorben, und wir müssen voranschreiten, ohne zu sterben!" – sagte er und zeigte dabei aufs Feuer, dessen Flammen noch höher aufloderten.

- „Nun überquere du das Feuer bis zur anderen Seite! Dies ist deine Feuereinweihung. Und dennoch – die Wahrheit des heiligen Feuers... die wirst du in deinem Herzen finden... dort ist es, wo es brennt..."

Ich dachte an nichts, handelte automatisch, und in dem Moment, als ich meinen rechten Fuß auf die Glut setzte, ohne zu überlegen, ob ich überhaupt Hitze spürte, da hoben mich schon seine Arme hoch, über das Feuer...

- „Wir wollen nicht deine Kühnheit auf die Probe stellen" – sagte er – „sondern deine Weisheit... es geht nicht darum, tapfer zu sein, sondern klug... Alles, was du bis jetzt gelernt hast, dient einem konstruktiven Ziel und nicht dazu, dich zu töten *(Kühnheit ist nicht immer gut)*... Die Weisheit soll dazu dienen, Hindernisse zu überwinden... und nicht, um zu sterben, da die Liebe dazu dient, zu lieben, und nicht dazu, aus lauter Angst vor dem Leben zu sterben, indem wir es zurückweisen...

Alles, was du weißt, habe ich dich gelehrt... nicht alles, was ich weiß... so höre, was ich dir nun sage...

Jede einzelne Zelle deines Körpers ist sich dessen bewusst, ein sehr wichtiger Teil des auf der Erde manifestierten Lebens zu sein;

das bedeutet, geschaffen zu sein, um das Gute, das Schöne zu verwirklichen und ständig das Gleichgewicht deiner Gesundheit aufrecht zu erhalten.

Aber die Persönlichkeit hat sich des Körpers bemächtigt und meint, damit nach Gut-dünken umgehen zu können, und so schwindet die Gesundheit... Es verlor sich das Wissen, das uns die eine uralte Menschheit hinterließ *(die Murianer)*. Wir müssen die Nacht überwinden, damit die Dunkelheit aus unserem Leben verschwindet und das Licht zurückkehrt. Dennoch müssen wir auch bedenken, dass durch das Durch-schreiten der Dunkelheit wir zum Verstehen gelangen.

Jede Zelle unseres Körpers enthält die Kraft der Inti-Energie *(Sonnen-Energie) – (und er machte dabei mit seiner Hand eine spira-lförmige Bewegung – die Spirale der DNA!...).*

Dies ist unsere ererbte Energie *(genetische Energie)* – und diese ist Licht *(er sprach von unserem Licht-Ursprung)*. Es geht darum, mit Hilfe dieses Lichtes in Harmonie mit dem Feuer zu sein... Mit dem inneren Feuer wird der Mensch geboren,... um es in Licht umzuwandeln... *(zu transformieren?)*"

Ich verspürte eine merkwürdige Benommen-heit – während mein Meister weiter sprach - ; zwei neben mir stehende Personen fassten mich sanft an meinen Armen, denn mich überkam die Empfindung von Schwindel und meine Beine schienen mich nicht mehr zu tragen - . Der Meister sprach, - aber in mir selbst!... Was er sprach, war vollkommen verständlich für mich... Ich glaube, mit seinen Worten nahm er mich in andere Dimensionen mit...

Mein Körper begann sich zu bewegen; ich weiß nicht, ob ich ging, die Augen hatte ich halb geschlossen. Wohl war ich nicht schlafend, aber dennoch nicht vollwach; trotzdem konnte ich mir bewusst werden, dass ich mich über dem Feuer befand. Ich weiß nicht, wie viel Zeit verging, aber es waren sicherlich Stunden.

Als ich dann mir meiner selbst bewusster geworden war, stand ich bereits auf der anderen Seite des Feuers, und mein Meister sprach immer noch... Als ich ihn anblickte, schwieg er... lächelte, und umarmte mich stürmisch.

- „Das hast du gut gemacht!... Was hier geschah, geschah symbolisch, und es liegt an dir, es in die Tat umzusetzen. Schränke dich selber nicht darin ein, ein Beispiel zu sein für das, was du erkannt hast. Du musst leben, um durch dein Leben zu lehren... Sei gut mit den Guten, und mit den Übeltätern musst du auch gut sein – darin besteht deine wirkliche Aufgabe - , denn Leben bedeutet Liebe, bedeutet Güte.

Sei dir selbst ein Beispiel, sei gut mit allen... Und dafür brauchst du keine Zeugen... Die Wahrheit selbst wird Zeugnis geben... zu lieben bedeutet, immer zu lehren... für immer zeitlos... Aber, um es ganz klar zu sagen: Dies bedeutet nicht, mit dem Übeltäter zu sympathisieren, sondern ihm alles nur denkbar Gute zukommen zu lassen, um ihm zu einem Wandel zu verhelfen, einem Wandel der Einstellung, nämlich seine negativen Handlungen zu überwinden und zu einem guten Menschen zu werden. Du kannst nicht zu einem Teppich werden, auf dem alle Welt umhertrampelt..., und solltest auch keine Misshandlungen zulassen.

Wenn wir unsere Einstellungen nicht selber ändern, - wie können wir dies von der Welt verlangen?... Wenn wir uns Gutes vornehmen, aber es bleibt nur bei diesem Sich-vor-Nehmen – müssen wir uns dann darüber wundern, wenn Schwierigkeiten und Stolpersteine auf unserem Lebensweg erscheinen? Wenn wir gerade erst säen, können wir keine Ernte erwarten... Es ist so wie bei jemandem, der sich zu keiner Entscheidung durchgerungen hat, aber schon Ergebnisse erwartet...

Wenn wir selbst keinen Glauben haben, keine Träume und uns nicht bemühen – warum beklagen wir uns dann, dass die Welt übel, kalt und ohne Liebe ist? Es geschieht das Gegenteil: Wenn wir Hass, Eifersucht, Neid und Groll empfinden, dann werden diese sich unseres Herzens bemächtigen; wie können wir uns da beklagen, wenn wir das selbe erleiden und ein bitteres Leben führen?... (Es sagte mal jemand: Hast du

Fieber, gib nicht dem Thermometer die Schuld.)"

Der Meister schwieg, sah zu den Sternen auf und sagte:

- „Lasst uns heimkehren. Es ist schon spät, und bald beginnt die Morgendämmerung..."

Er legte sich seinen Poncho um, alle taten desgleichen und wir begannen den Rückweg, langsam, in Schweigen. Der neue Tag begann anzubrechen, als wir am Hause angelangten. Beim Frühstücken leuchtete uns der Morgenstern. Amaru hob mit beiden Händen einen Krug hoch mit heißem Kräutertee als Huldigung an Inti *(Sonne)*. Wir stellten uns neben ihn und folgten seinem Beispiel. Ich weiß nicht, was er sagte; beide Augen hielt er geschlossen, sicherlich meditierte er. Aus tiefstem Herzen dankte ich innerlich für die großartige Gelegenheit, dicht bei meinem Meister zu sein und ihm lauschen zu dürfen, in einer unvergleichlichen Zeremonie, die mir sehr viel bedeutete – noch dazu hier am Heiligen See und auf dieser wunderschönen Insel.

Nach dem Frühstück dankten wir der Familie für ihre Gastfreundschaft und gingen hinunter zur Mole der Insel. Das Boot erwartete uns bereits, um uns nach Puno zurück zu bringen. Unten warteten auch die Zehn von der letzten Nacht, und mit kräftigen Umarmungen verabschiedeten sie sich von meinem Meister und mir. Voller Zuneigung erwiderte ich ihre Umarmung, zutiefst dankbar für ihre Teilnahme und Hilfe.

Das Boot löste sich vom Ufer; sie wünschten uns eine gute Reise und so lange sie noch für uns sichtbar blieben, winkten sie uns zu. Mit einem Lächeln blieb der Meister mit seinem Blick bei ihnen und winkte ab und zu zurück und erwiderte so ihre Geste. Ich winkte ebenfalls: Sie waren für mich wie Brüder, die uns so großzügig aufgenommen und begleitet hatten. Wir entfernten uns immer weiter von Amantani, bis wir die Bewohner aus den Augen verloren.

- „Hebe noch ein letztes Mal deine Arme, um zum Abschied zu winken" – sagte der Meister zu mir – „du wirst sie nicht wieder sehen."

- „Warum, Amaru" – sagte ich – „kann ich nicht zu einem anderen Zeitpunkt nach Amantani zurückkehren?"

- „Ich glaube, du vergisst eines: Bis jetzt bist du der einzige, der unsere Überlieferungen kennt. Wenn du zurückkehren würdest – und natürlich könntest du das tun - , dann wird niemand da sein, der dich empfängt, und auch du könntest sie nicht treffen... Wir haben eine bestimmte Verpflichtung: Nur über dich wird man all das erfahren, was du über uns hörst und siehst *(die Kosmovision der Anden)*.

Zu anderen Gelegenheiten wirst du nach Amantani zurückkehren, aber versuche dann nicht, in Kontakt mit diesen deinen Brüdern zu kommen... sie alle mögen dich sehr *(auch ich liebe sie zutiefst)*, aber wir müssen uns in

Acht nehmen, um nicht als merkwürdige Wesen angesehen zu werden und dann nicht mehr in Frieden leben zu können *(das ist sicherlich richtig).*

Es wird der Moment kommen, in dem der Mensch seine wirklichen Kräfte wiedergewinnen und in der rechten Weise verstehen wird, was das Leben uns schenkt *(als Gaben)*, und dann werden unsere Handlungen nicht mehr als so merkwürdig angesehen werden. *(Es erscheint mir in der Tat schwierig, das, was ich mit diesen besonderen Wesen sah und erlebte, zu akzeptieren...)*"

Als ich mich umwandte, um noch einmal zur Insel zurückzuschauen, war sie verschwunden; ich fühlte so etwas wie Traurigkeit. Ich verstand die Vorsicht des Alten Weisen; deswegen machte ich keine weiteren Bemerkungen. Aus tiefer Zuneigung umarmte ich ihn; er erwiderte meine Umarmung. Ich atmete tief, wir setzten uns im Boot hin, wir hatten mehrere Stunden Fahrt vor uns.

Wie um das Thema zu wechseln, fing der Meister mit einmal mit lauter Stimme an zu sprechen, um den Lärm des Bootsmotors zu übertönen:

- „Wie ich sagte, besteht der Sieg darin, die Hindernisse, die Probleme zu überwinden. Es geht nicht darum, ohne Schwierigkeiten das Ziel zu erreichen – darin liegt kein

Verdienst. Zudem müssen wir uns bewusst werden, dass gerade unser Stolpern auf unserem Lebensweg uns zeigt, dass wir auf dem rechten Weg zu Inti *(Gott)* sind.

Alle persönlichen Probleme lassen sich überwinden. Dies verlangt geistiges Arbeiten an uns, mit folgerichtigem Handeln, mit Ausdauer. Es sind unsere Gedanken, die die Welt formen; das bedeutet, wir schaffen unsere eigene Welt entsprechend unseren Gedanken. Sind sie positiv, so wird die Art der Verwirklichung positiv sein; sind sie negativ, so werden auch die Folgen negativ sein, - damit wir sie korrigieren. Also geht es darum, in angemessener Weise unsere geistigen Konzepte zu überprüfen und dabei unsere Schwierigkeiten – seien es Krankheiten oder andere Probleme – nicht als unlösbar anzusehen. Wir selbst sind es, die wir unsere Umwelt schaffen – im Guten wie im Schlechten.

Die Auswirkungen sind die Folge unseres Handelns. **Sind wir glücklich, wenn es uns gut geht? – Nein, es geht uns gut, wenn wir glücklich sind!**

Wenn wir vorgeben, Dinge zu tun – einfach nur mit Worten, ohne zu handeln - , wenn wir nur dem Schein nach leben, so führt dies gewiss zu keinem sinnvollen Ergebnis... und, was noch schlimmer ist, wir betrügen uns selbst.

Wir können den Menschen an dem erkennen, was er heute tut. Das Heute ist das Wichtigste. Es ist abwegig, in ständiger Erinnerung an vergangene Irrtümer zu leben. Jedermann kann auf seine unmittelbare Vergangenheit zurückschauen, aber das, was wirklich einen Wert hat, besteht darin, mit Weisheit in die Zukunft zu blicken.

Wenn ein störender Gedanke immer wieder auftaucht, so suche stattdessen einen anderen *(ihn ersetzen?)* und setze etwas Positives an die Stelle, etwas Aufbauendes, ohne Widerstand *(den Gedanken also nicht bekämpfen?)*.

Lässt der Gedanke nicht locker, so suche einfach jemanden, mit dem du von etwas anderem sprechen kannst. So lässt du dich nicht mehr auf diesen störenden Gedanken ein; du bekämpfst ihn auch nicht, - bis du voll innerer Gewissheit dein Vertrauen wieder gewonnen hast und den Gedanken in aller Ruhe betrachten kannst *(ihm ‚ins Auge blicken')*, und er verschwindet dann ganz aus deinem Leben. Dies bedeutet, du wirst immer mehr Gelassenheit erlangen.

Wie du weißt, verlangt geistige Arbeit von dir innere Ruhe, Stille, ohne Resultate erreichen zu wollen; willst du etwas erzwingen, so führt dies zu keinem guten Ergebnis.

Etwas anderes ist es mit körperlichen Anstrengungen: Mit stärkerem Bemühen ist

dabei auch ein besseres Ergebnis erreich-
bar... *(im physischen Bereich herrschen
andere Gesetze als im geistigen – dachte
ich).*

So ist es," – antwortete mir mein Meister –
„willst du auf geistigem Gebiet etwas erzwingen, so schwindet die geistige Krea-
tivität und es kann nichts Gutes dabei
herauskommen *(man muss viel mehr ganz
entspannt sein, nicht in Eile).* – Ja, nur ohne
Druck, ohne Anspannung wirst du das erreichen, was du ernsthaft erstrebst.

Wenn du in entsprechender Weise in deinem
Kopf *(dem Unterbewusstsein)* eine Entscheidung zum Handeln triffst, so nimmt
dein Unterbewusstsein dies auf und beginnt,
auf die Verwirklichung hinzuarbeiten. Wir
haben in uns Kräfte, die wir zumeist nicht
nutzen. Versuche, das, was dir nicht bewusst
ist, was du vergessen hast - alles als
Information Gespeicherte - zu nutzen *(es
bleibt dir immer erhalten).* Im Unterbewusstsein gibt es keine Eile *(es arbeitet ja
geistig),* und so werden Ergebnisse mit mal
mehr, mal weniger Zeit, mal langsamer, mal
schneller erzielt.

In jedem Fall wird sich etwas erfüllen,
entsprechend der Idee *(dem inneren Anstoß),*
entweder in guter oder schlechter Weise: Ist
sie gut, so resultiert daraus Gesundheit und
Erfolg; im entgegen gesetzten Fall bringt
dies Krankheit, Probleme und Scheitern mit
sich. Wichtig ist, dass im Inneren die

Entscheidung gut geheißen und dann aus-geführt wird.

Alles ist eine Frage der Praxis: Man muss einfach anfangen. Im Tun gewinnen wir Erfahrungen, und mit Hilfe der Erfahrungen können wir zur Vervollkommnung ge-langen...

Gedanken setzen sich immer aus Wissen und Gefühl zusammen, und so entsteht ein Gleichgewicht. Ist viel Wissen von wenig Gefühl begleitet, so ergibt sich ein ‚kühles' Ergebnis. Besser ist es, wenn mehr Gefühl als Wissen darin enthalten ist – dies gibt dem Ergebnis mehr Kraft und Wärme. Gefühl ist etwas Zauberhaftes und lässt uns der Wahr-heit näher kommen *(und hütet uns vor der fixen Idee, man müsse nur regelmäßig genug an etwas denken, und es würde dann schon sich verwirklichen)*.

So ist es" – antwortete mein Meister – „es geht darum, ohne Druck bei einer positiven Idee zu bleiben, sie aufrecht zu erhalten, damit sie nicht ‚einfriert' und schließlich im Laufe der Tage sich verliert, sondern zur Grundlage unseres Wollens und Handelns wird.

Auch wenn wir trotz dieses Bemühens das Erstrebte nicht erreichen, so gilt es zu bedenken, dass die darauf verwandte Zeit niemals umsonst war, ganz im Gegenteil: Erstreben wir ernsthaft etwas Positives, so ist unser Leben erfüllt, und in jedem Fall wird unser Leben dabei mit einer Erkenntnis bereichert, nämlich durch die Erfahrung, die uns zu einem tieferen Verständnis auf unserem Weg der Suche nach Glückseligkeit verhilft...

Wir müssen all unser Tun mit Begeisterung füllen – ja, wenn wir dies nicht tun, wen wird es dann interessieren? Voller Vertrauen handeln und unseren Handlungen Achtung entgegen bringen!

Wissen allein bringt uns der Wahrheit nicht näher... Wir müssen etwas tun... voller Vertrauen handeln. Vertrauen schenkt Kraft, die Kraft des Wunders, so wie das Leben der Alten Weisen von Vertrauen bestimmt ist. Vertrauen bedeutet nicht einfach, Glaubensbekenntnisse zu übernehmen...“

Während ich über das Feuer „schritt“, war ich von vollkommenem Vertrauen erfüllt, von einer nie gekannten Kraft, und natürlich waren dabei die Worte meines Meisters Amaru – an die ich mich nicht im einzelnen erinnern kann – entscheidend für mein „Auftreten“...

- „In dem Moment, in dem das Vertrauen dich erfüllte, konntest du die ersten Schritte über das Feuer beginnen!“ – Wie immer, antwortete mein Meister auf das, was ich dachte.

- „Wie viel gibt es noch zu lernen!“ - sagte ich.

- „Zuerst gilt es, selbst zu lernen, um dann lehren zu können. Lernen bedeutet Handeln, bedeutet Tun. *(Wer ein guter Schüler sein will, muss zunächst lernen zu handeln. ‚Willst du auf den Heiligen Berg gelangen... folge den Schritten des Meisters' – hat mal jemand gesagt...)* Beginnen wir, wirklich voran zu schreiten, so werden uns Geistige Leiter begegnen, um uns zu führen" – fügte mein Meister hinzu.

- „Und ich habe sie schon getroffen," sagte ich leise.

Er schaute mich an, lächelte und sagte...

- „Wir kommen gerade an der Mole des Hotels an."

Die Rückfahrt kam mir sehr kurz vor. – Mein Meister Amaru spricht über so wichtige Aspekte des Lebens, dass man ganz wach dabei sein muss, um keine der so wertvollen Belehrungen zu verpassen.

Ich war noch zutiefst erfüllt vom Erstaunen über all die Ereignisse der letzten Stunden – sie erschienen mir unglaublich, vielleicht war es nur ein Traum gewesen... dachte ich, als das Boot anlegte.

Der Meister sagte kurz vor dem Verlassen des Bootes:

- „Jetzt musst du aussteigen. Du hast nicht geträumt, aber ich möchte dir raten gut nachzudenken über all das, was du gehört und gesehen hast. In naher Zukunft wirst du das Prinzip des Feuers viel klarer erkennen. Wir ‚sehen' uns später..."

In den letzten Jahrzehnten habe ich so viele wunderbare, transzendente und ungewöhnliche Ereignisse erlebt, aufgrund des Kontaktes mit besonderen Menschen, die ich wegen ihrer Tugenden sehr achtete. So wundere ich mich über nichts mehr.

Wachen Sinnes habe ich das Gefühl zu träumen... wenn ich das Glück habe, in der Gegenwart meiner Meister, der Alten Weisen, zu sein und mit ihnen an einzigartigen Zeremonien teilzunehmen.

Voller Zuneigung umarmte ich Amaru noch einmal und sprang auf die Mole bei meinem Hotel; er fuhr mit dem Boot weiter, sicherlich bis zum Hafen von Puno.

Wir würden uns später „wieder sehen"; die Sonne befand sich im Zenith – es war Mittag.

Kapitel IV

Wo ein Wille ist, ist auch ein Weg

Der Nachmittag verlief ohne besondere Ereignisse. Von meinem Zimmer im Hotel aus betrachtete ich den Titicaca-See, schaute Richtung Norden, wo ich ungefähr die wunderschöne Insel Amantani vermutete. In Gedanken versetzte ich mich dorthin und lief wieder auf den schmalen Pfaden, sah, wie Menschen den Boden bearbeiteten, wie Kinder spielten, irgendwo, sah Frauen Nahrung bringen... und so träumte ich, dorthin zurück zu kehren...

Sicherlich muss ich wieder dorthin, aber ich werde niemandem Bekannten begegnen... Vielleicht werde ich den Ort finden, wo das unglaubliche Ritual vor sich ging, begleitet von Gesang („Taki"), den die Zehn angestimmt hatten... während der Meister sprach...

So erinnerte ich mich an die Zeremonie, durchlebte sie von neuem... Da hallten in meinem Kopf laute Schläge wider – ich schien fast zu fallen... Natürlich war dies mein geliebter Meister Amaru, der „Illac Uma"[19]... Wer anderes konnte es sein? In diesem Moment wurde ich mir bewusst: Es war schon Nacht geworden, es war 8 Uhr abends.

---

[19] „Illac Uma" = Titel („Lichtvoller Geist"), Dorfältester des Dorfes „A" (siehe „Weisheit der Anden – Band 1")

- „Es ist 8 Uhr! Du bist in Erinnerungen versunken? Fliegst du?" – fragte mein Meister, ich glaube, scherzend.

- „Ja, Amaru!" – sagte ich - , „Alles war wunderschön und sehr wichtig für mich. All diese Hilfe für mein Leben und so viel Güte von Euch meine ich gar nicht zu verdienen... vielen Dank, Amaru."

- „Zur Zeit solltest du nicht mehr an all diese für dein Leben so wertvollen Geschehnisse denken. Du wirst ein Lernender bleiben, und ich hoffe, du lernst weiter - , das ist das Beste für dich."

- „Natürlich, Amaru" – dachte ich - , „immer werde ich weiter lernen. Dank für all das, was ihr mir gegeben habt. Und für all das, was ihr mir weiterhin geben werdet. Immer werde ich euer Schüler bleiben."

- „Alles, was du in deiner Kindheit und Jugend gelernt hast, jetzt, wo du erwachsen bist, musst du dies in die Praxis umsetzen. Dies wird dann wahrhaftig zu einer positiven Grundhaltung führen.

Wenn nicht der Wille dazu besteht, so wird dies nicht in dem Maße möglich sein, wie wir uns das wünschen; also: Tu etwas - oder, entsprechend der Situation: Tu etwas nicht – in jedem Fall: Tu es immer voller Kraft und innerer Bereitschaft.

Zur richtigen Ausübung des Willens gehört Arbeit an sich selbst. Verlangst du dir selbst nichts ab, so wirst du niemals von anderen etwas verlangen können... Zuerst geht es um die rechte Ausbildung der Willensstärke..."

Die Psychologen sagen, der Wille sei eine Fähigkeit des Geistes, die das Verhalten der Person lenkt, in guter wie in schlechter Hinsicht, entsprechend der Erziehung, egal ob zum Nutzen oder zum Schaden. Der Wille sei eine Geisteskraft, die durch Übung verbessert werden könne, vergleichbar dem Training der Muskeln.

- „Es ist eine Tatsache, dass wir alle die gleichen Muskeln haben *(dieselbe Anatomie),*" – fuhr der Meister fort - , „der Unterschied besteht allein darin, dass einige sie durch Übungen *(Gymnastik und Sport im weitesten Sinne)* und durch tägliche Tätigkeiten gekräftigt haben, also mit eigener Anstrengung.

Es folgt daraus, dass der Wille eingebunden sein muss in eine ethische Erziehung im Rahmen gegebener Moralvorstellungen, die schon immer für eine Orientierung des Menschen notwendig und nützlich waren. Die Kraft des menschlichen Willens entwickelt sich also in seiner Kindheit und Jugend, indem er Eltern, Erwachsene, Lehrer und Meister zu achten lernt.

Lernt der Mensch diese ethische Orientierung im Befolgen entsprechender Richtlinien, so wird diese verinnerlichte Grundhaltung sich in seinem Handeln zum eigenen Wohle auswirken. Und so wird es ihm selbstverständlich, sein Wollen in rechter Weise in die Tat umzusetzen.

Er wird gelernt haben, sich mit diesem inneren Willen zu identifizieren und ihn zur Kraft zum Tun werden zu lassen, zu einer Kraft, die voller Schwung, voller Dynamik Gedanken in Handlung umwandelt.

Aufgrund des rechten inneren Verständnisses handelt der Wille entsprechend. Dies bedeutet auch, dass dieses Verständnis notwendig ist, um etwas zu bewirken; ohne dieses würde das Wollen zu keinem Handeln führen... – Hast du mich verstanden?"

- „Ich glaube, ja", - antwortete ich - , „wenn Wollen in Handeln einmünden soll, so muss zuerst das rechte Verständnis des Handlungszieles vorhanden sein, dann entsteht auch daraus etwas."

- „Sehr gut", - sagte mein Meister - , „wir sollten uns dessen bewusst sein, dass wir als Inti *(Geist)* drei Fähigkeiten, drei Kräfte in uns haben, nämlich: **Verstehen, Wollen, Handeln.** Diese drei müssen gemeinsam zusammenwirken, wollen wir ein glückliches Leben führen. Und die Erziehung ist es, die diese Fähigkeiten vermittelt, die sie festigt und im Laufe der Zeit stärkt, bis sie herangereift sind, um in sinnvoller Weise zum Tragen zu kommen.

Die ganzheitliche Erziehung des Menschen besteht also aus drei Teilen, nämlich:

- dem Verständnis, das aus Einsicht erwächst,

- dem Willen, der der ethischen Orientierung entspringt, und

- dem Handeln, das sich auf der physischen Ebene auswirkt.

Diese drei Aspekte der ganzheitlichen Erziehung müssen harmonisch zusammenwirken *(in gegenseitiger Wechselwirkung?)* und gemeinsam dem selben Ziel dienen, also in Beziehung zueinander stehen und vereint zum Erfolg führen.

In den fortschrittlichen Ländern *(Ländern der 'Avantgarde')*, die man als kultiviert, als weiter entwickelt bezeichnen kann, gibt es Menschen, die über die moralische Entwicklung in ihrem Volk nachdenken und besorgt sind über den Verfall der Ethik, über die Ausbreitung des Egoismus, des Hasses, der Gewalt. Der Wert des Lebens ist immer tiefer herabgesunken."

Wie viel Blindheit gibt es in so manchen Regierungen – dachte ich - , was erreichen sie denn schon? Die Gesetze stehen nur auf dem Papier, niemand richtet sich danach, sie spielen nur in langweiligen Reden eine Rolle. Auf Kosten von anderen bereichert man sich. Es mangelt an Ehrlichkeit und Integrität; wo gibt es die Großen, die eine hohe Wertschätzung verdient haben?

- „Es mangelt an Achtung den Eltern gegenüber", - fügte mein Meister hinzu - ,
„elterliche Autorität gibt es kaum noch *(nur
noch Respektlosigkeit)*, und den Alten wird
kaum noch Beachtung geschenkt *(Missachtung ausgerechnet denen gegenüber, die
auf ihrem langen Lebensweg weise geworden sind...)*. –

Nur noch Vergnügen, kein Verantwortungsbewusstsein. Und wer trägt daran die
Schuld? Manchmal kommt die Antwort auf,
dass es am Fehlen religiösen Glaubens liegt.
Vielleicht können die Religionen nicht mehr
überzeugen."

Verlieren sie ihre Gemeinde? Gibt es
vielleicht den so häufig zitierten Glauben der
Vergangenheit nicht mehr? Ich glaube, die Verantwortung liegt bei denjenigen, die die gegenwärtige
Generation zu erziehen haben – dachte ich.

- „**Alle** sind mitverantwortlich", - sagte mein
Meister - , „einige mehr, andere weniger..."

Zuerst geht es um das rechte Wollen, daraus
entspringt das rechte Tun. Der Wille ist bil-
dungsfähig. Wie die Muskulatur kann er durch
Übung verstärkt werden – hinsichtlich des
Ausmaßes und der Intensität. Das heißt, er kann
herangebildet werden, um eine größtmögliche
Wirksamkeit zu erreichen. Diese Erziehung muss
in drei Phasen des Lebens vor sich gehen, nämlich:
in der Kindheit, in der Pubertät und in der Jugend.

In der Kindheit gilt es zunächst, den Kindern
Achtung beizubringen. Diese Qualität muss unbe-

dingt in dieser frühen Zeit gestärkt werden, da sie die Grundlage ist, in der Folge Verantwortung zu übernehmen. Auf jeden Fall muss das Kind lernen, Anordnungen eigenverantwortlich auszuführen und Verbote zu beachten. Würde man anfangen, dies oder jenes zu tolerieren, zu erlauben, also nachgiebig zu werden, so würde die Achtung vor dem Erziehenden schwinden und derjenige, der heranbilden möchte, sieht sich als Sklave der Launen des Kindes. Die Nachgiebigkeit ist der schwache Punkt mancher Eltern; sie lassen den Willen ihrer Kinder auf Abwege geraten, um ihnen keine Kraft entgegensetzen zu müssen...

- „In diesem Fall kommen Antworten wie ‚ich will nicht' oder ‚ich habe keine Lust' etc." – fügte mein Meister hinzu - , „oder einfach stille Verweigerung des Kindes *(passive Reaktion)*, die geprägt ist von allgemein schlechter Laune *(wir alle kennen das nur zu gut)*. Dieses Verhalten darf auf keinen Fall geduldet werden, denn sonst betrügen wir uns selbst mit der Hoffnung, die Kinder würden sich schon im Laufe der Zeit bessern; sie sind ja noch Kinder... Und das Kind, mit seinem Widerstreben, wird nach und nach immer mehr Terrain gewinnen, bis schließlich die Eltern gar keine Autorität mehr besitzen *(sie verlieren die Achtung des Kindes)*."

Wenn wir uns die Geschichte Großer Menschen anschauen, können wir feststellen, dass sie – vor allem die Mütter – sehr viel Wert auf eine strenge Erziehung legten; sie gestatteten nie ein

Verhalten, das in Launen ausartete. Immer regten sie zu gutem Handeln an, bis die Kinder dies verinnerlicht hatten. Das Ergebnis zeigte sich entweder auf materiellem oder geistigem Gebiet – in der Bereitschaft zum Dienen – und insgesamt in einem erfüllten, guten Leben.

- „Alles muss sich innerhalb eines bestimmten Gleichgewichtes verwirklichen. Extreme sind von Übel, wie wir schon so oft gesagt haben *(ja, natürlich, ich erinnere mich: ‚Extreme schaden'.)*. Gewiss, es soll kein blinder Gehorsam sein, den wir anstreben *(lehren)*, dies wäre auch ein Extrem, das schadet. *(Es darf der eigene Wille des Kindes nicht zunichte gemacht werden.)* Es geht vielmehr darum, dem Kind verständlich zu machen, dass die Befolgung einer bestimmten Anordnung für es selbst nützlich, gut und sinnvoll ist und nicht aus einer Laune heraus, aus Verärgerung gegeben wurde.

Würde hingegen in unangemessener, ungerechter Weise von einer Autoritätsperson etwas verlangt, so führte das sicherlich zu Widerstreben und Ungehorsam. Es geht also darum, Anweisungen voller Verantwortungsbewusstsein zu geben.

Ist der Wille einmal auf der Basis von Achtung und Wertschätzung geformt, dann wird es viel leichter sein, in die zweite Phase einzutreten *(die Pubertät)*.

Dann gilt es, dem Freiheitsstreben des Kindes entgegenzukommen und gleichzeitig dabei das eigene Verantwortungsgefühl zu fördern - , es soll ja nicht zu einem Automaten werden! Leiten ohne zu unterwerfen! Aufgaben zu erfüllen sollte zu einer Gewohnheit werden *(zu einer Grundhaltung)*; sie wird dem Jugendlichen ein Gefühl innerer Befriedigung schenken, Befriedigung darüber, etwas erfüllt zu haben, ohne eine Belohnung dafür zu erwarten. *(Belohnung und Strafe haben noch nie den Charakter geformt noch den Willen gestärkt...)*

Ist der Jugendliche in dieser Weise erzogen, muss er auch dahin gelangen, aus eigenem Entschluss zu handeln. Dabei wird er die Bedeutung der Selbstüberwindung immer besser verstehen *(Eigeninitiative, Herausforderung)*. So entwickeln sich positive Gewohnheiten und Einstellungen, die auf dem Prägen des rechten Willens beruhen, auf einer ethischen Grundlage.

Es geht also darum, der Wahrheit immer näher zu kommen, uns vom Irrtum immer weiter zu entfernen und als Ziel jeder geistigen Erziehung zu immer mehr Verständnis zu gelangen. Physische Übungen stärken den Körper, ethische Erziehung fördert unseren Willen, uns vom Übel zu befreien und stattdessen Gutes zu tun...

Die in der Kindheit erlernte Achtung, zusammen mit der in der Jugend gegebenen Orientierung, werden dem Willen des Menschen die nötige Stärke verleihen zur

Gestaltung seines Lebens *(eine Kraft, die entsprechend dem inneren Verständnis das Handeln beflügelt)*.

Der Wille birgt in sich mehr Dynamik als der Wunsch, wenn es darum geht, etwas anzustreben und zu erreichen. Dabei ist eine ethische Erziehung die richtige Grundlage, da hierdurch der Wille frei wird von Wünschen. Ist das Ziel ein hohes, so führt dieser Wille zu dem rechten Ergebnis.

Geistiges Bemühen – vor allem die Achtsamkeit – sollten die Willensübungen begleiten. Die Achtsamkeit hilft uns nämlich, uns auf ein Ziel auszurichten, und gibt somit unserem Willen einen Impuls.

Ein weiterer Aspekt ist die Wertschätzung *(Unterscheidungsvermögen?)*: den Dingen den rechten Wert beizumessen, unabhängig von persönlichen Vorteilen, unabhängig von vielleicht auftretenden Nachteilen – also ‚selbstlos' – im recht verstandenen Sinne.

Kommt der Wille in diesem Sinne zum Tragen – wie wir dies in der Lebensweise Großer Menschen überall in der Welt beobachten können *(beispielhafter Menschen)* – so formt der Wille den Charakter dieser Menschen und gibt dem Leben eine Richtung und einen Sinn – nämlich hin zu einem Gerechtigkeitssinn, zu einem Wahrheitsstreben, zur Erkenntnis dessen, was gut und schön und harmonisch ist. In dieser Weise trägt dieser Mensch dann zur

Verbesserung der Menschheit *(immer Impulse gebend)* bei."

Mein Meister Amaru bezieht sich mit solchen Worten immer wieder auf die im Menschen angelegten positiven Eigenschaften, die dem Planeten in seiner Entwicklung förderlich sind; demgegenüber stellt er den verbissenen Willen mancher Menschen, der nur schadet – sowohl der Natur als auch dem Menschen selbst.

Tagtäglich vermittelt uns die Natur Erkenntnisse. Widmen wir die gebührende Aufmerksamkeit auch den kleinsten Einzelheiten – die wir so oft gar nicht beachten - , so werden wir zum Beispiel erkennen, dass die Bäume – jeder individuelle einzelne – sich voneinander durch besondere Merkmale unterscheiden, auch wenn sie sich im allgemeinen Sinne gleichen.

Dasselbe können wir auch beim Menschen beobachten: Kommt er auf die Welt, so bringt er gewisse Qualitäten mit. Diese entwickeln sich, gefördert durch die entsprechende Erziehung, oder sie sind schon ausgebildet und werden seinen Charakter bestimmen und seinem Lebensweg eine Richtung geben.

Bei einigen geschieht diese Entwicklung schon in früher Kindheit, bei anderen später in der Jugend und wiederum bei einigen gar nicht, das heißt sie bleibt eine latente Möglichkeit, es sei denn sie wird später im Leben – durch außergewöhnliche Anstöße – erweckt.

In jedem Fall ist der Wille ausschlaggebend; ihm entsprechend werden bestimmte Qualitäten ausgebildet – wie Ausdauer, Zielstrebigkeit, Beständigkeit, Geduld, Sehnsucht etc. – wie jemand einmal sagte: „Der Wille zeigt sich in verschiedenen Zustandsformen..."

    - „Der Wille gibt uns Selbstvertrauen: Voller innerer Sicherheit schreiten wir voran, voller Entschiedenheit, und die Hindernisse auf dem Weg beginnen sich aufzulösen. *(Es heißt, wenn jemand gar nichts tut, ist er verloren – dachte ich.)*

    Nein, er ist nicht verloren!" – antwortete mir mein Meister - , „Viel mehr ist es so, dass demjenigen, der sagt, ‚ich kann das nicht', keine Hilfe zuteil werden kann, um zu handeln *(es gibt also keine nur denkbare Kunst oder Wissenschaft, um so jemanden zum Tun zu bewegen).*

    Im umgekehrten Fall, wenn aus klarer innerer Überzeugung gehandelt wird, so wird derjenige sich durch nichts davon abbringen lassen; er vertraut seinen inneren Erkenntnissen *(Gewissheit)* und lässt so seinen rechten Willen zum Tragen kommen *(unbeeinflusst von Verleumdungen oder Verschmähungen, die ihn lächerlich machen wollen).*

    Um dem Willen diese Wirksamkeit zu verleihen, ist es notwendig, nach innen zu lauschen, zur Stimme des Gewissens, und den rechten Zeitpunkt am rechten Ort für das Handeln zu wählen und dabei keinen

Schmeicheleien sein Ohr zu leihen oder aufgrund des Applauses eitel zu werden."

Die Bhagavad Gita drückt dies mit folgenden Worten aus: „sich durch nichts beirren lassen, weder vom Freund noch vom Feind, weder durch Missachtung noch Ruhm, Leid oder Glück, Beleidigung oder Loblied..."

- „Nichts wird denjenigen vom Wege abbringen, weder Enttäuschungen, Leid, Armut oder andere Hindernisse. Er schreitet weiter voran, die Augen auf das Ziel gerichtet..."

Was für eine tiefgehende schöne Belehrung gibt der Meister kund! – dachte ich bei mir... Aber er war nicht mehr zu hören, ich glaube, er war gegangen... bis morgen.

Und wieder nahte die Nacht am folgenden Tage zur selben Stunde, mit dem mysteriösen Geschehen..., wie in all den vorhergehenden Nächten; ein Mysterium, das keine Verwunderung mehr in mir auslöste... in dem ich ganz aufging...

- „Wenn wir darangehen" – so begann mein Meister - , „die tiefen Veränderungen im Hinblick auf die gültigen Ideen menschlicher Gemeinschaften im Laufe der Geschichte zu untersuchen, so werden wir folgendes sehen: Das, was gestern noch aufs heftigste verworfen wurde, als ungeheuerlicher Irrtum angesehen wurde, als Verrat, der als Ketzerei geahndet wurde und zum Scheiterhaufen oder Schafott führte - , das wird heute als patriotische Heldentat oder als etwas Heiliges angesehen.

Tagtäglich zeigt das Leben uns dieses. Solche Überlegungen können uns helfen, den engen Zusammenhang zwischen Willen und Berufung zu verstehen..."

Vielleicht kann als gutes Beispiel dafür Johanna von Orleans dienen: Ihr Wille und ihre Berufung führten sie zum Triumph in dem Krieg, den ihr Heimatland Frankreich mit England austrug. Jedoch hörte sie am Ende ihrer Tage nicht mehr auf „die Stimmen, die immer zu ihr sprachen" und sie endete tragischer Weise auf dem Scheiterhaufen. Solange sie die Anordnungen der „Engel" befolgte, war ihr Triumph beschieden; ihr Ungehorsam besiegelte ihr Ende...

Die Geschichte bedeutender Menschen lässt uns sehen, wie ein eiserner Wille zusammen mit der Bereitschaft zum Dienen sie dazu befähigt, ihre Aufgabe zu erfüllen und die ihnen zugedachten großen Werke zu vollbringen, wie zum Beispiel es der Fall war bei Abraham Lincoln, Johanna von Orleans, Napoleon, Thomas Edison und anderen.

- „Das sind gute Beispiele!" – fuhr mein Meister fort - , „Aber wir dürfen nicht vergessen, dass es darum geht, aus diesen Vorbildern zu lernen und Erkenntnisse für unseren eigenen Lebensweg zu gewinnen. Wir alle sind auf diese Welt gekommen – der Größte wie der Kleinste, – um ein bestimmtes Werk zu vollbringen, ganz gleich, wie gering es uns auch vorkommen mag. Die

Erfüllung *(der Erfolg)* hat nichts mit der Größe der Aufgabe zu tun, sondern allein damit, das zu tun, was wir uns vorgenommen haben.

Vielleicht hören auch wir in uns mit aller Klarheit – wie dieses Mädchen Johanna von Orleans – ‚die Stimme, die zu uns spricht'. Richten wir die nötige Aufmerksamkeit auf das Gute, das wir in uns selbst spüren, auf unsere innere Berufung, so gibt uns dies einen unwiderstehlichen Impuls, all unserem Tun und Handeln einen bestimmten Sinn, eine Richtung, ein Ziel zu geben."

Montaigne[20] bezieht sich mit klugen Worten auf genau diesen Gedanken: „Jeder einzelne kann in sich diesen plötzlichen Anstoß verspüren, heftig und unerwartet, und auch ich selbst habe diese Impulse erlebt, sei es als ein gutes Zureden oder als ein Abraten, wie wir es von Sokrates auch wissen. Dieser göttlichen Inspiration folgte ich und fühlte mich dabei glücklich und zufrieden."

Sokrates, der berühmte griechische Philosoph, rief seinen „Genius" zu Hilfe – und das bedeutet: nicht als „Stimme", wie sie manche hören, sondern als inneren Impuls seines Willens.

- „Dies war wahrhaft ein Großer Mann!" – bestätigte mein Meister. – „Wir dürfen nicht ein momentanes Interesse oder eine vorübergehende Begeisterung mit der wahren Berufung verwechseln, ebenso

---

[20] französischer Philosoph, 16. Jahrhundert

wenig egoistische Bedürfnisse mit echten Absichten, die auf einer ethischen Basis beruhen. So manche Menschen suchen in einem Beruf oder einer gut bezahlten Stellung nur materielle Vorteile. Dem liegt keine rechte Erziehung zu Grunde.

Dies führt uns den engen Zusammenhang zwischen einem „wohlerzogenen" Willen und einem gut ausgewählten Beruf vor Augen: nur so kann wahrer Erfolg sich einstellen - , und der Mensch findet Erfüllung und ist glücklich.

Wächst der Mensch heran und hört auf, Kind zu sein *(Pubertät)*, so müssen seine guten Fähigkeiten weiterhin gestärkt werden ebenso wie die richtigen Einstellungen, indem die Erziehung hinwirkt auf eine positive Realisierung des inneren Strebens für eine berufliche Tätigkeit; dabei ist ein grundlegendes Ziel, Hochmut zu vermeiden.

Ist der Wille in der Weise gestärkt, dass das positive Streben in selbstverständlicher Weise verinnerlicht ist und alles Handeln bestimmt, so wird solch ein Jugendlicher Orte meiden, an denen er keine gute Luft atmen kann *(vergiftet von negativen Energien)*.

Ist jemand jedoch verstrickt in Neid und Gewinnsucht, so wird die Folge Stress, Nervosität, Missmut und körperliche Erschöpfung sein, vielleicht auch der Verfall familiärer Beziehungen *(sichtbar oder unsichtbar)*, bis schließlich all diese negativen Auswirkungen das dennoch vorhandene Gewissen *(wenn es auch schläft)* zu erwecken vermögen, zu Gewissensbissen führen, zur Besinnung – und schließlich dazu, den rechten Weg wieder einzuschlagen.

Dem Jugendlichen muss bewusst gemacht werden, dass er nicht auf die Erde gekommen ist, damit sie ihm diene, sondern damit er für die Welt etwas tue, indem er seine Fähigkeiten in der rechten Weise ausbildet und anwendet und auf Schmeicheleien und Versprechungen nicht hereinfällt *(hinsichtlich besseren Einkommens, zum Beispiel)*.

Ist er innerlich gefestigt und von ethischen Prinzipien geleitet, so wird sich der Erfolg mit Sicherheit einstellen. Ein rein egoistisches Streben wäre jedoch fatal.

Wie oft meinen wir, Erfolg bestünde im Geldverdienen; diese Art von „Erfolg" ist ein Selbstbetrug *(Illusion)*, der den Menschen verdirbt, vor allem, wenn der Eigengewinn auf Kosten anderer geschieht; und niemand kommt darum herum, dies vor seinem Gewissen verantworten zu müssen –."

Auf unredliche Weise Geld anzuhäufen ist von Übel, besonders wenn dies auch noch mit dem Mantel weltlicher Achtbarkeit verhüllt wird. Also: Es geht darum, in der Welt etwas zu tun, zu wirken – aber immer in Übereinstimmung mit Inti – was wir selbst sind - , dieser inneren Stimme, die ab und zu sich hören lässt – dachte ich.

- „Erinnere dich an das, was du bereits hörtest!" – erwiderte Amaru - „Nicht ‚ab und zu': - immer sprechen sie zu uns. Nur ist es so, dass eine rechte Erziehung nötig ist, um zu dieser Übereinstimmung der Person mit Inti *(dem Geist)* zu gelangen. Dennoch werden wir in unserem Leben immer wieder in schwierigen Situationen die Hinweise der inneren Stimme hören: Warnung oder Rat. Dann geht es darum, diesem Rat zu folgen, selbst wenn dies materielle Nachteile bedeuten würde. Und dieses Befolgen lässt alle Gesetze des Lebens hilfreich an unserer Seite sein; dies ist der Plan von Inti *(Gott)*: die universale Harmonie.

Hat ein Jugendlicher sich im Beruf geirrt und empfindet inneres Missbehagen und wird ihm seine ungute Situation bewusst, so melden sich in ihm die ethischen Prinzipien, die er von Natur aus hat, und es fällt ihm immer schwerer, weiterhin Harmonie vorzutäuschen, wenn er dabei ist, sie zu verlieren.

Der Druck wird so zunehmen, dass er schließlich in einem Augenblick den Entschluss fasst, sich zu ändern – unabhängig von wirtschaftlichen oder sozialen Folgen *(die viele zu hoch einschätzen)*. Dieser Wandel hat einen unschätzbaren Wert, gibt er ihm doch eine höhere Selbst-Wertschätzung, mehr Selbst-Vertrauen und Selbst-Achtung dank des Gefühls, sich selbst überwunden zu haben und vom Verlierer zum Gewinner geworden zu sein... also den Egoismus besiegt zu haben.

Der innere Ruf – klar und transparent – ist wie eine Kompassnadel, uns immer die richtige Richtung anzeigend; Habsucht und Nützlichkeitsstreben können sie wohl in gewissem Sinne ablenken *(‚in andere Himmelsrichtungen')*, und dennoch wird die Nadel immer wieder nach Norden zeigen; sie repräsentiert also unseren inneren Ruf.

Wir müssen all unsere Kräfte in uns bündeln und ausrichten auf das Hauptziel des Lebens: die Erfüllung des inneren Rufes - , ohne dabei ins Extrem zu verfallen *(Fanatismus)*, das darin bestehen könnte, dass wir uns abkapseln *(Extreme schaden)* und vergessen, wie sehr wir in ein menschliches, soziales Umfeld eingebunden sind.

Unser Denken ist eine einzigartige, mächtige Kraft. Wenden wir es in der rechten Weise an, so gewinnen auch unsere Qualitäten des Verstehens, Wollens und Könnens an Kraft, und selbst bei widrigen Umständen wird alles sich zum Guten wenden.

Es gibt in der Menschheit gewisse Glaubensrichtungen, die davon ausgehen, dass alles, was dem Menschen geschehen wird, schon geschrieben steht *(Fatalismus?)*, in dem Sinne: Wir seien der Entscheidung eines unabwendbaren Schicksals ausgeliefert – dessen Ursprung wir nicht kennen –

sicherlich uralt - , und in diesem Schicksal lägen beschlossen die Lebensbedingungen für das Wesen, das wir sind, und ohne eine Begründung dafür zu geben, müssten sich diese nach Gutdünken erfüllen, ohne dass wir darum gebeten hätten, und so wären wir nun in diese Welt hineinversetzt, in diese Welt, in der viel geweint und wenig gelacht wird... soweit diese Meinung.

Wozu sollte dann unser freier Wille dienen? Sind wir denn nur Automaten?...

Die gerade dargestellte Ansicht wird von mehr als einer Religion aufrechterhalten. Andere Erkenntnisse sind wohl zugänglich, werden aber oft nicht verinnerlicht. Auf weise Lehren wird nicht gehört; sie werden auch nicht verstanden. Die Menschen glauben an Glück und Unglück, von dem ihr Schicksal abhänge, und so kraftvoll ihr freier Wille auch sein mag, sie wenden ihn nicht an...“

Dieser Glaube war vor allem im Mittelalter in der Bevölkerung stark verwurzelt. Könige, Fürsten, Herrscher, die geistige Oberschicht, Militärführer begannen kein Unternehmen, keinen Krieg, keine bedeutende Arbeit, ohne vorher einen Magier oder eine Wahrsagerin über das Schicksal befragt zu haben.

- „Diese fatalistische Einstellung, die von einer Vorherbestimmung ausgeht, würde dazu führen, dass es gar kein Motiv gäbe, sich selbst um eine Lösung zu bemühen und mit eigener Willenskraft auf die Geschehnisse des Lebens einzuwirken, wenn ja doch alles schon im Voraus festgelegt sei. Die Freiheit der Entscheidung *(der freie Wille)*, Verantwortungsbewusstsein und entsprechende Gesetze *(kosmische Gesetze)* würden dann keine Rolle mehr spielen. Keiner wäre mehr für sein Handeln verantwortlich, da ja alles vorherbestimmt sei. *(Welche Gefahr liegt darin!)* Diese Einstellung ist tatsächlich gefährlich und sehr problematisch."

So sprach mein Meister und fuhr mit seiner so einfachen und einleuchtenden Erklärung fort. So sind die Meister, sie sprechen voller Transparenz und Demut.

- „Es gelangen zur Zeit viele Botschaften zu uns, von weisen Personen der Vergangenheit, aber sie werden nicht in der rechten Weise verstanden; sie werden egoistischen, persönlichen Interessen angepasst, indem in verfälschender Weise der wahre Sinn der Worte verändert *(verdreht)* wird. Dennoch ist es so, dass so etwas wie ‚Schicksal' *(aber nicht im Sinne von ‚Fatalismus')* sich auswirkt in den Wechselfällen des Lebens, in den Schwierigkeiten, in den Widrigkeiten: - dies alles sind Lebensumstände, die uns in unsere Lebensumgebung gegeben sind, jedem einzelnen von uns, solange unser Leben währt, von der Wiege bis zur Bahre.

Wenn wir als Wahrheit anerkennen, dass bei jedem Menschen eine Entwicklung des Geistes vor sich geht, so werden wir verstehen, warum für jeden Lebenslauf die Umstände so unterschiedlich sind. Jeder Mensch entwickelt sich nämlich auf seine eigene Weise. Als Persönlichkeiten sind wir sehr unterschiedlich, und dem entsprechend sind auch die sich ergebenden Schwierigkeiten so unterschiedlich...

Unsere Körper sind nicht gleich *(auf der physischen Ebene)*, sie reagieren nicht in der gleichen Weise, einige sind muskulöser und stärker, andere zierlich und schwächlich, groß und klein etc.. Entwicklung vollzieht sich Schritt für Schritt und besteht in der individuellen Vervollkommnung der geistigen und gefühlsmäßigen Fähigkeiten.

Wäre dies nicht so, würden wir alle in der gleichen Weise reagieren, mit gleicher Willensstärke, gleicher Intelligenz, Sensibilität, Angst, Liebe etc.. Wir sind nun einmal verschieden – die einen sind klüger, andere willensstärker und wiederum andere sensibler. Darin bestehen große Unterschiede, und unsere jeweilige Art und Weise, auf Schwierigkeiten zu reagieren, hängt von unserem inneren Wollen ab und davon, wie wir die Gelegenheiten zum Wachsen nutzen und dabei die Gesetze der Natur *(des Lebens)* achten.

Wie oft schon haben wir unsere Mitmenschen sagen hören: ‚Das lege ich in die Hände Gottes', ‚das geschieht nach Gottes Willen' und weitere ähnliche Formulierungen. Dahinter steckt die Einstellung, es sei ja doch alles schon geplant und entschieden; so könnten wir gar nichts dagegen tun und darüber diskutieren, es sei ja der göttliche Wille... Aber so ist es nicht! Wo bliebe da das Streben des Menschen nach Vervollkommnung?

Zweifelsohne wäre dies eine irrtümliche Auslegung des Begriffes ‚Göttlicher Wille'. Der Göttliche Wille steht dem menschlichen Willen nicht entgegen. Unser Voranschreiten geschieht in Freiheit *(ja, und wie oft wurde ‚Freiheit' vom Menschen falsch verstanden und was für Probleme haben sich daraus von Anfang an ergeben – dachte ich).*

Weshalb begannen die Probleme? Einfach aufgrund des Missbrauchs der Freiheit" – antwortete mir mein Meister - , „Inti *(Gott)* wird niemals den freien Willen des menschlichen Wesens verletzen *(einschränken).* Er hat ihn uns als eine grundlegende Möglichkeit für unsere Verwirklichung gegeben.

Der Schöpfer des Lebens hat, wie du weißt, Gesetze geschaffen, die die Ordnung in der gesamten manifestierten Welt sicherstellen. Eines davon lautet: ‚Wie du säst, so wirst du ernten' – ‚wenn du Steine säst, kannst du nicht erwarten, Kartoffeln zu ernten'...

Leider erwarten viele voller Ungeduld ein sofortiges Ergebnis, das heißt sie säen und wollen gleichzeitig schon ernten... Das geht jedoch nicht. *(Gesetz von Ursache und Wirkung, eines der kosmischen Gesetze.)*

Es geht einfach nur darum: in Beachtung der Gesetze zu handeln und zu wirken, und es wird sich ein gutes Ergebnis immer einstellen, wenn der freie Wille in der rechten Weise angewandt wird, wenn die Grundlage eine rechte Erziehung ist und man zielstrebig voranschreitet. Schwierigkeiten, die auftreten und die Erfüllung unserer Aufgabe, unserer Pläne und Vorhaben zu behindern scheinen, sind dann bedeutungslos: Alles ist uns im Laufe der Zeit möglich, tun wir es voller Ausdauer und Eifer, mit der Bereitschaft zum Tun.

Unsere Bestimmung ist Glücklichsein. Wir sind auf die Erde gekommen, um glücklich zu sein *(trotz aller Probleme)*. Weigerst du dich, die kosmischen Gesetze anzuerkennen, und bist du nicht willentlich bereit, dein Schicksal, das du mit deinen Handlungen selbst schaffst, anzunehmen, so folgen daraus unvermeidlich Fehlschläge. Gott ist nicht Schuld an deinem Handeln, du selbst bist es, der dafür verantwortlich ist aufgrund des Gebrauchs des freien Willens.

Um es ganz klar zu sagen: ‚Wir sind Strahlen der Einzigen Sonne *(Gott)*', wir sind also wie Er, vollkommen *(dies muss in der rechten Weise verstanden werden, um zu vermeiden, dass Hochmut sich unserer bemächtigt)*.

Wir sind eine individuelle Persönlichkeit in einem Körper; wir leben in ihm – wie du ja weißt - , wir sollten in der rechten Weise mit ihm umgehen und ihn wertschätzen. Wir als

Bewusstsein *(Seele)* sind dort, wo das Herz ist; wir umhüllen und schützen es, - doch – leider! – haben wir einen dicken Panzer darum gelegt und hören so kaum noch, was aus dem Inneren uns ruft...

Unser menschliches Sein ist noch unvollkommen, und unser Körper ist vergänglich. Wir selbst sind jedoch unsterblich, jenseits von Zeit und Raum.

Die Murianer – unsere Vorfahren – erlangten die Fähigkeit, in Übereinstimmung mit ihrem wahren Selbst und aus tiefer Liebe zum Leben glücklich zu sein und all die guten Eigenschaften, die wir alle besitzen, zu verwirklichen."

In aller Klarheit treten diese Eigenschaften zu Tage, wenn wir in unserem inneren Sein unsere Schwingungen anheben – uns „verfeinern", uns wandeln. Lasst uns an die Worte Jesu denken, am Schluss seiner Bergpredigt: „Seid vollkommen, wie der Vater im Himmel vollkommen ist." Diese Worte erinnern uns an die Aufgabe des Menschen, sich zu vervollkommnen – und dies können wir in Demut und mit eigenem Bemühen erreichen.

- „Wir müssen Herren in unserem eigenen Hause sein – mit vollkommener Willensfreiheit *(Autonomie)*. Ohne innere Bildung ist ein Mensch den anderen gegenüber immer im Nachteil, und Unwissenheit führt zu Missachtung. Vielen Jugendlichen kommt es nicht in den Sinn, an sich selbst zu arbeiten, sich selbst zu bilden; sie erwarten, dass alles von außen kommt, unter nur günstigen Bedingungen, ohne sich selbst bemühen zu müssen. So gehen die Jahre dahin, und das Leben übernimmt die Aufgabe, uns unsere Unwissenheit in vielen Aspekten bewusst zu machen.

Das ist gewissermaßen wie in der Grundschule: Noch ist die Ausbildung in den Anfängen, nicht umfassend. Vieles wandelt sich, Neues wird aufgebaut, Altes über Bord geworfen, und entsprechend den Veränderungen der Zeit ist alles im Fluss, vieles im Umbruch...

Die Erziehung ist dabei eingebunden in das Leben, ist offen für Erweiterungen, und immer sind wir am Lernen. *(Davon bin ich überzeugt; jede Belehrung dient in ihren Auswirkungen gegenseitigem positiven Vorteil: für den, der gibt, und für den, der empfängt.)*

Je mehr wir unser Verständnis üben, desto mehr wächst auch unser willentliches Streben und wir können uns besser orientieren. Mangelt es an dieser Ausbildung unserer natürlichen Qualitäten, so bleiben Schwierigkeiten in unseren alltäglichen Aktivitäten nicht aus.

Doch niemals ist es zu spät, sich zu überwinden und sich persönlich zu vervollkommnen *(kurz und gut: Niemals ist es zu spät für das Gute).*

Ich glaube indessen, dass der Mensch heutzutage viele Möglichkeiten zur Weiterentwicklung hat; es gibt so viele Mittel zur Weiterbildung *(Radio, Fernsehen, Zeitungen, Konferenzen, Ausbildungsstätten etc.)* – wenn er möchte, kann er sich selbst bilden. Doch dafür bedarf es des festen Entschlusses, die Unwissenheit und sich in den Weg stellende Schwierigkeiten zu überwinden, um weiter voranzukommen. Dieser Wandel der inneren Haltung wird sich darin zeigen, dass die Welt dann anders aussieht, dass man sie positiver erlebt. Und mit jeder Erfahrung nimmt das Verständnis zu.

Dennoch muss mit aller Bestimmtheit geklärt werden: ‚Verstehen' dürfen wir nicht verwechseln mit ‚Wissen' *(all das nur in Büchern angeeignete Wissen – doch wie wenig ,verstehen' wir wirklich; richtiges ,Verstehen' erhält seinen Wert in der Anwendung im praktischen Leben, im Beruf, in unserer Umwelt).*

Werden unsere Kenntnisse in die Praxis umgesetzt und bewähren sie sich in unserem Handeln, ja, - dann verwandelt sich das Wissen in Wollen und Können.

Die Evolution ermöglicht uns unsere Vervollkommnung. Dies ist der Grund und das Ziel unserer Existenz. Das Arbeiten an uns selbst und unsere Selbstformung sind so notwendig.

Die Natur ist sehr weise, und jeden Tag erweist sich diese ihre Weisheit von neuem im Entdecken ihrer Geheimnisse. Mit unseren Augen brauchen wir nur hinzuschauen, mit unserem Geist wahrzunehmen, zu verstehen, und zu lernen.

Wenige nur wissen zu sehen; Wir wandeln durch die Welt, schauen alles an und sehen dennoch nichts... *(Unsere optische Wahrnehmung ist so oberflächlich, dass uns wichtige Einzelheiten entgehen).*

Unsere Augen nehmen sehr gut wahr, und das Gehirn braucht sie, um 'nach draußen zu schauen', um das außerhalb des Körpers Liegende kennen zu lernen, wie in gleicher Weise uns die übrigen Sinne auch dienen."

Ständige Aufmerksamkeit ist die Begabung der Erfinder, und die Geduld ist das Geheimnis des Genies. Seit undenklichen Zeiten bis in die Gegenwart hinein hat der Mensch ständig zum Himmel empor geschaut, aber nur wenige waren und sind es, die Himmelskörper entdecken, die wohl schon immer dort waren, aber die Mehrheit, trotz Hinschauens, sah nichts...

- „Das Sehen lehrt uns vieles und ist beeinflussbar durch Erziehung. Wenn wir zum Beispiel von zuhause los gehen in Richtung unserer Arbeit und wir freuen uns an allem, was wir unterwegs sehen *(Parks, Straßen, Menschen, Bäume etc.)*, dann können wir uns vornehmen, all die Einzelheiten ringsum in der Natur zu sehen.

Jeden Tag können wir etwas für uns Neues entdecken, was andere Menschen niemals sehen.

Eine weitere interessante Übung besteht darin, einen bestimmten Ort zu besuchen *(Museen, Ausstellungen, Kirchen, archäologische Stätten etc.)* in Begleitung anderer Personen und dann darüber zu sprechen, was jeder sah. Sicherlich wird es bei diesen Berichten große Unterschiede geben.

Diese und weitere praktische Übungen werden uns helfen, uns daran zu gewöhnen, die Umwelt voller Aufmerksamkeit zu betrachten. Dann nehmen wir wahr, was andere nicht sehen und bemerken...

In dieser Weise - immer wach beobachtend, den Geist auf das gerichtet, was wir sehen, um zu erblicken, was es alles gibt – erlangen wir wertvolle Erkenntnisse über die Welt in der wir leben. Mit diesem erforschenden Bemühen werden wir in allem etwas Lehrreiches entdecken und Geheimnisse enthüllen.

Und es geht auch darum, denen zuzuhören, die mehr wissen als wir. Durch Geben und Nehmen lernen wir; es ist wie ein Hin und ein Her. Das Empfangene muss jedoch verinnerlicht werden; eine rein intellektuelle Erziehung ist in sich bedeutungslos *(Erkenntnisse müssen also geistig verarbeitet und dann im praktischen Leben umgesetzt werden)*.

Die Arbeit an sich selber *(eines Jugend-lichen)* sollte hilfreich begleitet werden, damit er nicht dem Irrtum verfiele, alles selbst zu können. Wo bliebe da der klare Maßstab? Wir sollten die rechte Selbstein-schätzung fördern, damit der Jugendliche sich nicht weiter ‚verrennt' und verstrickt und dabei Zeit und Mühe verschwendet.

Eine positive Auswirkung im Sinne dieser Orientierung hätte der gute Rat von jemandem, der die Fähigkeiten, Bedürfnisse und Anlagen des Jugendlichen gut kennt. Der könnte ihm Vorschläge für die ihm angemessene Ausbildung machen, um ihn auf seinem Weg zu bestärken, ihm Vertrauen zu schenken und dabei auch seine Bildung im Allgemeinen zu fördern *(seine ‚innere Pflege', wobei vor allem das zum Tragen kommen solle, was die Grundlage seines Lebensweges bildet).*

Natürlich erstreckt sich die Selbst-Verwirklichung auch in andere Bereiche menschlichen Könnens hinein *(Kunst, Literatur etc.)*, und dort kann er seinen Neigungen Ausdruck geben. Die Umstände setzen ihm dabei manchmal Widerstände entgegen *(in seiner Entwicklung)*, um seinen Willen zu prüfen, um Müßiggang zu überwinden, jeden Moment des Lebens zu schätzen, den Wert der gegebenen Lebens-zeit zu würdigen, ganz ‚bei sich zu sein'.

Wer uns *(die Meister)* beobachtet, wird dabei bemerken, dass wir all unser Bemühen darauf ausrichten, zu lernen und suchend etwas anzustreben, dabei mit felsenfestem Willen an unseren charakterlichen Unebenheiten feilend.

Wenn der Mensch an sich selbst arbeitet und nicht erwartet, dass andere etwas für ihn tun, sondern er selbst mit ganzem Herzen sich bemüht, dann wird Gott an seiner Seite erscheinen und ihm helfen – sei es auf indirekte Weise durch einen persönlichen Beschützer oder auf unpersönliche Weise im Sinne eines ‚hilfreichen Schicksals'...

Weisheit wird uns zuteil bei entsprechendem Bemühen *(wenn wir etwas auf uns nehmen, beständig in der Arbeit sind, loslassen können, wenn uns etwas genommen wird)*: ‚Erst die Mühe, dann der Lohn'.

In dieser Welt, in der wir leben, bewegen wir uns ständig zwischen zwei entgegen gesetzten Kräften *(Polarität)*. Sie wollen uns in dem einen oder anderen Sinne prüfen: Wahrheit und Irrtum *(Gut und Böse, Egoismus und Altruismus, Licht und Dunkelheit, Tugend und Laster, Fleiß und Trägheit etc.)*.

Alles wird davon abhängen, welche Haltung wir in uns geschaffen haben als Ergebnis unserer Willensanstrengungen; dabei hilft uns unsere Intuition *(naturgegebenes Empfinden)*, dem Willen einen Impuls zu geben. Er neigt sich zu der einen oder der anderen Seite, links oder rechts, und entsprechend werden Haltungen zur Gewohnheit, die die ethische Entwicklung fördern oder behindern *(Haltung bedeutet Gewohnheit, Eignung, um mit immer größerer Leichtigkeit ein bestimmtes Handeln zu wiederholen)*.

Gutes Handeln führt zu guter Haltung, fördert einen guten Charakter und stärkt auch den Willen. Die Folge üblen Handelns wird eine üble innere Haltung sein, die die Entwicklung behindert.

Die ethische Grundlage formt sich durch die Arbeit an sich selbst. Von Kindesbeinen an haben wir mehr oder weniger schlechte Gewohnheiten erworben, und daraus ergeben sich Behinderungen unseres Voranschreitens. Um uns von diesen Gewohnheiten zu befreien, bedarf es einer großen Willensanstrengung, und der Erfolg hängt davon ab, wie tief diese Gewohnheiten in uns verwurzelt sind. Es ist jedoch nicht unmöglich, davon los zu kommen: ,**Wo ein Wille ist, ist auch ein Weg**'.

Mit sehr viel Achtsamkeit sollten wir für unsere Umwelt günstige Bedingungen schaffen, - Bedingungen, die uns in dem Bemühen unterstützen, positiv hinzuwirken auf eine schrittweise Besserung *(Wiederherstellung)* unseres Lebens: uns dem zu verschreiben, was gut und wahr ist. Dies wird uns dabei helfen, unsere innere Kraft zu stärken, uns nicht in Versuchung führen zu lassen und uns mit vollkommener innerer Sicherheit zu füllen.

Das Trinken *(Alkoholsucht)* ist eines der schlimmsten Laster. Der Alkohol ‚kocht' im Blut *(so wie der Most im Fass gärt und aus der Tiefe alles Unreine an die Oberfläche treibt...)* und rührt alles um *(den Schlamm der gewalttätigen Natur des Trinkers).*

Wer sich von diesem oder jenem Laster lossagen möchte, ist dazu durchaus in der Lage: mit allem inneren Wollen sich in Verzicht zu üben – ein Bemühen, das schmerzhaft sein mag, jedoch unbedingt notwendig ist, um zum Sieg zu gelangen.

Gut ist es, sich zu einer inneren Verpflichtung durchzuringen – mit sich selbst und mit Inti *(Gott)* - , sich selbst gewissermaßen ein verpflichtendes Ehrenwort zu geben, das eingehalten werden muss...

Unsere inneren Kräfte sind unerschöpflich, so wie die Quelle, aus der sie kommen. Bei unserer Geburt sind sie jedoch erst einmal nur latent in uns und verwirklichen sich nicht automatisch und gleichmäßig in uns allen, sondern mehr oder minder intensiv entsprechend der Erziehung, die uns zuteil wurde, entsprechend der Umwelt in der wir leben, und dem Grad geistiger Entwicklung, der uns mitgegeben wurde.

Unsere geistige Entwicklung, die wir mitbringen und die wir als unseren von uns selbst *(früher)* erworbenen Verdienst ansehen können, wird die Umstände unseres Lebens auf der Erde bestimmen. Diese Erde ist nicht der einzige Ort, um geistig zu wachsen und heranzureifen und materielle Erfahrungen zu machen.

Diese Erkenntnis hilft uns zu verstehen, warum einige Menschen hier recht gut zurecht kommen, andere mehr oder weniger gut oder gar in allergrößte Schwierigkeiten geraten."

Die geistigen Fähigkeiten in der Menschheit zeigen sich in unserer Welt in einer sehr großen Bandbreite zwischen dem „Idioten" und dem „Genie", mit einem großen Spektrum an dazwischen liegenden Ausprägungen: Wir alle sind Geist – seien wir ein Wunderkind oder geistig behindert... „Warum so viel scheinbare Ungerechtigkeit?" – das fragen sich diejenigen, die die universalen Gesetze des geistigen Wachsens noch nicht kennen und verstehen.

- „Wir bleiben niemals dieselben. Die geistige Entwicklung erlaubt uns zu wachsen, unseren Charakter zu vervollkommnen und unser Sein in dem Maße, in dem wir unsere Schwächen auflösen, anzuheben, um uns anders – und das heißt besser – zu fühlen.

Was sich jedoch nicht wandelt, ist unsere Selbstwahrnehmung als Individuum, als ein Ich; das, was sich wandelt, wenn unsere Lebensjahre so dahin fließen, das sind unsere Ideen, unsere Sichtweisen, ebenso unsere Gefühle und Empfindungen. All unsere

Erfahrungen und Erkenntnisse lassen uns zu der Einsicht gelangen, dass ohne geistiges Wachsen der Mensch nichts wäre und das Universum ein bloßer Zufall und Inti *(Gott)* ein Wort ohne Sinn...

Die Mutter spielt eine sehr wichtige, entscheidende Rolle bei einer guten Erziehung des Kindes, um ihm seinen gegebenen Fähigkeiten entsprechend seine Selbst-Ausbildung zu ermöglichen. Vor der Schullaufbahn ist es die Mutter, die für seine ethische Bildung verantwortlich ist. Der Beitrag des Vaters besteht im tätigen Ergänzen des mütterlichen Wirkens. Und es ist die Mutter, die den ersten Impuls dem Geist des Kindes gibt, einen Impuls, der die weitere Richtung der Willensausprägung des Kindes bestimmt und ihm damit Sicherheit und Integrität verleiht.

Das, was uns am stärksten daran hindert, unsere wahre Bestimmung zu leben, ist die **Ängstlichkeit**..."

Ich selbst kenne aus nächster Nähe einen solchen Fall: Ein junger Student kam in seiner Laufbahn nicht weiter – er fühlte sich zu einem anderen Beruf hingezogen, doch aus Angst traute er sich nicht, mit seinem Vater zu sprechen und seinen Berufsweg zu ändern. Nur um seinen Vater zufrieden zu stellen, hatte er dieses Studium begonnen, während seine wahre Neigung in eine ganz andere Richtung ging. Ich ermunterte ihn, der Wirklichkeit ins Gesicht zu sehen, keine Zeit mehr zu verlieren, die Unschlüssigkeit zu überwinden und das zu beginnen, wozu er sich berufen fühlte. So fasste er Mut und sprach mit seinem Vater... Heute ist er ein ausgezeichneter, anerkannter Forscher, weit über die Grenzen Perus hinaus...

- „So mancher junge Mensch hält lieber am ‚Gesicherten' fest, aus Angst vor dem ‚Ungewissen', wenn er auch dies Ungewisse sich zutiefst wünscht, da es seiner eigenen Natur entspricht; doch die Ängstlichkeit behindert ihn; er erwartet ein Wunder für seine Veränderungen, erwartet, dass ‚irgendetwas' ihn mit Selbstwertgefühl und Hoffnung anfüllt.

Ein weiteres Hindernis ist die **Trägheit** *(Überdruss, Langeweile etc.)*, die begleitet wird von Pessimismus und Antriebslosigkeit, als allgemeine Folge eines unbefriedigenden, erzwungenen Berufes. Dies kann bis zu einer unheilbaren Krankheit führen oder moralische Probleme hervorrufen.

Ein praktischer Rat: morgens sich kalt waschen, während der täglichen Arbeit zwischendurch ausruhen *(10-15 Minuten)*, genügend Schlaf und richtige, gute Ernährung – das wird eine Veränderung unseres Zustandes zum Positiven hin begünstigen, wenn auch das Bemühen um Besserung vielleicht zu Beginn als mühselig empfunden wird.

Arbeit an uns selbst schenkt uns Freiheit; mangelnde Bereitschaft behindert unser geistiges Wachsen. Manche denken, es sei zu spät dazu, anzufangen *(sie fühlen sich schon zu alt)*, sie glauben, es nützt sowieso nichts; sie fühlen sich vom Pech verfolgt und merken nicht, wie sie sich selbst in Ketten halten.

Stolz ist eine Ausprägung des Egoismus, und logischer Weise erfährt der Stolze Ablehnung und keine positive Reaktion von denjenigen, die er selbst schlecht und herablassend behandelt hat, die er gedemütigt hat. Er wollte sich nicht der eigenen Abhängigkeit von Leidenschaften, die seinen Willen in Besitz nahmen, bewusst werden.

Wer auf unlautere Weise zu etwas gekommen ist, wird eines Tages feststellen, dass er dem Posten nicht gewachsen ist, dass der Stuhl zu groß für ihn ist... in seinem Hochmut sieht er nicht, dass die Menschen in seinem Umfeld nicht seine Diener, sondern seine Mitarbeiter sind.

Um wie viel weiser ist ein bescheidener Mensch – also jemand, der nicht mit seiner Weisheit prahlt und keine Macht missbraucht und innere Kraft an die Stelle von Stolz setzt... *(Bescheidenheit schließt Tüchtigkeit nicht aus...)*

Ja, es ist wahrlich etwas Schönes, liebevoll zu sein - , es macht dich glücklich, es kostet dich nichts, es erfüllt dich mit Freude, zu anderen liebevoll zu sein - nicht mit halbem

Herzen, sondern ernsthaft, voller innerer Wärme, aus der Mitte heraus."

„Mitte" ist ein wichtiger Begriff, der, wie mein Meister sehr gut erklärte, Harmonie, Gleichgewicht und Gleichmut bedeutet; wir sind in unserer Mitte, wenn wir es geschafft haben, „Herr im eigenen Hause" zu sein – ganz bei uns – hinausgewachsen über unser Niederes Selbst, unser Ego, wenn wir Hochmut hinter uns gelassen haben und nach Rechtschaffenheit streben.

- „Du gibst ja wohl gerne deine eigenen Erklärungen hinzu und sagst mehr, als ich von mir gebe; aber das ist in Ordnung, das gefällt mir!" – sagte mein Meister, der natürlich wusste, was ich dachte, und wie ich mich bemühte, seine wunderbaren Belehrungen zu verstehen.

„Zorn *(äußerstes Wütendsein)* ist ein weiteres ernsthaftes Hindernis. Wut führt zum Verzerren des Gesichtes, das Gemüt gerät außer Kontrolle *(im Mittelalter glaubte man, Zorn habe seinen Ursprung in einer Körperflüssigkeit, die dann ‚aufwallte')*, - man ist ‚außer sich', sieht nicht mehr klar, kann die Folgen nicht ermessen, handelt sich selbst zuwider – ein gefährlicher Zustand!

Rücksichtslosigkeit verhindert ebenfalls ein Voranschreiten. Dies ist als ein Missachten anzusehen, und dies fügt dem menschlichen Herzen eine tiefe Wunde zu. Uns selbst mag ein Mangel an Aufmerksamkeit nicht so wichtig erscheinen *(Gleichgültigkeit, Ge-*

ringschätzung, ein Versprechen nicht er-
füllen), für andere jedoch mag dies eine
große Bedeutung haben... Das, was die
anderen von uns halten, wird beeinträchtigt,
wenn wir uns rücksichtslos verhalten.

Höfliches und gutes Benehmen sind von
hohem Wert, und dies kostet doch
wahrhaftig wenig, wenn sie Ausdruck eines
ausgeglichenen Charakters sind. Ängstliches
und unterwürfiges Verhalten jedoch *(das*
Gegenteil von Rücksichtslosigkeit: Verzagt-
heit, Schüchternheit) zeugen von geringem
Selbstwertgefühl *(weitere Charaktermängel:*
Unaufrichtigkeit, Treulosigkeit, Unredlich-
keit – mir fiel immer mehr ein...)"

Amaru schaute mich an und sagte: „Sieh mal
das alles nicht so kompliziert! Es hat wohl
manchmal den Anschein, als ob diese
schlechten Charakterzüge, von außen gesehen, zum Erfolg und zu Glück führen, aber
das Gesetz von Ursache und Wirkung macht
sich bemerkbar – vielleicht durch eine
Krankheit oder emotionale Schwierigkeiten.

Wahrhaftiges, dauerhaftes Wohlergehen ge-
deiht nur auf dem Boden selbstlosen, rechten
Verhaltens, bei dem kein Gewinn auf Kosten
anderer angestrebt wird. Es ist gleichgültig,
ob die Unredlichkeit beim Chef oder beim
Angestellten vorkommt, beim Dienstherren
oder beim Arbeiter. So wird manchmal
Ehrlichkeit gefordert, aber gleichzeitig zum
Betrügen angeleitet... *(bei den Abhängigen)*
und so getan, als ob es egal wäre, wie man

sich verhält *(z.B. mit Taschenspielertricks an der Waage das Gewicht manipulieren, ebenso die Menge oder die Qualität von Produkten verfälschen etc.).*

Noch schlimmer ist es, wenn jeglicher Glaube fehlt, jegliche ethische Grundlage; Unredlichkeit wird begleitet von der Lüge. Denn der, der raubt, der betrügt, muss notgedrungener Maßen lügen, und jedes Mal wird es schlimmer – denn: einmal gelogen, muss er immer weiter lügen, und alles Wohlergehen schwindet dahin, da niemand ihm mehr Glauben schenkt, auch nicht seinen Worten... *(wie bedauerlich!)*

So jemand verliert allen Einfluss, kann nicht mehr in rechter Weise Menschen leiten, sie haben Angst vor ihm – es fehlt die Liebe. Dies äußert sich in Stolz und Hochmut den Untergebenen gegenüber; von Verständnis und Respekt kann keine Rede sein. Dahinter steht Gier nach Reichtum. In irdischem Überfluss leben zu wollen verhindert individuellen geistigen Fortschritt. Geld an sich hat keinen Wert. Es dient lediglich dazu, uns ein Mittel zu sein beim Verwirklichen dessen, was wir tun können und wollen.

Glaubwürdigkeit wieder herzustellen verlangt eine wahrhaftige Anstrengung, ein aufrichtiges Bemühen, um wiederzuerlangen, was verloren ging... Erreichen wir in Demut dieses echte Bemühen, in Anerkennung unserer Fehler, dann kehren all die in uns schlummernden geistigen und physischen Kräfte wieder zu uns zurück – und wir erlangen wieder die rechte Selbstwertschätzung und Mut. Und dann können wir die Fülle des Lebens auskosten und uns der Freiheit erfreuen, die uns die wieder gewonnene Aufrichtigkeit schenkt.

Es ist ja so, dass unser wahres Selbst, unsere wahre geistige Natur, von sich aus gut, weise und fähig zur Vervollkommnung ist und die Tiefpunkte überwinden kann, um einen neuen Morgen zu schaffen, einen Morgen, der uns über das bis heute Gelebte hinaus hebt und uns im Ringen bei der Charakterbildung zum Sieg verhilft.

Das ist keine leichte Arbeit an uns selbst – es verlangt uns die Kraft der Entscheidung ab, die Einsicht in unseren Irrweg, und wir brauchen dazu Zeit. Und wenn wir dies wirklich wollen, können wir siegen!"

Der Meister Amaru schwieg... Das Gespräch war beendet... Und so begann ein weiterer Schlaf, ein Ausruhen des Körpers, denn ich... werde weiter daran arbeiten, mir das auszumalen, was Wirklichkeit werden wird...

Der Meister kam wieder:

- „Heute Nacht sagtest du, du würdest daran weiter arbeiten, dir das auszumalen, was Wirklichkeit werden wird... Es ist doch so: Alles beginnt mit einer **Idee**, diese Idee wird dann zu einem **Gedanken**, der dabei ist, Gestalt anzunehmen, um schließlich in eine **Handlung** einzumünden, und diese lässt aus der ursprünglichen Idee **Wirklichkeit** werden.

(Benjamin Franklin sagte: ‚Das gut Gemachte ist besser als etwas gut Gesagtes'; dennoch ist es wichtig, das Tun gut zu durchdenken.)

Jeder Handlung geht die innere Vorstellung voraus, das heißt zuerst zu ‚sehen' was zu tun ist. Es gibt Leute, die sagen: ‚Entscheidend ist das praktische Tun', und sie ziehen das Vorausdenken in Zweifel, das ‚ideelle Tun' *(manchmal fällt in diesem Zusammenhang der Name ‚Don Quijote'...)*; wir dürfen jedoch nicht vergessen, dass es der ‚Idealist' ist, der die Idee schafft, die der Mensch der Tat in die Praxis umsetzt.

In Wirklichkeit gehört beides zusammen; sie ergänzen sich: der Gedanke und die Tat.

Du hast die Idee, und diese hebst du hinein in die praktische Verwirklichung" – sagte mein Meister zu mir, - „und wie man sieht, konkretisiert sie sich schon..."

Es wird immer Visionäre geben: In allen Epochen gab es Vorreiter, die revolutionäre Ideen kundgaben, die zunächst niemand akzeptierte, die als Verrücktheiten von verwirrten Gemütern angesehen wurden. Im Laufe der Jahre jedoch wurden sie von tatkräftigen Menschen oder idealistischen Avantgardisten umgesetzt und dann wurden diese Ideen akzeptiert und sogar bewundert.

Erfindungen, Entdeckungen begannen so: als Idee in der Vorstellung des Menschen. Es gibt Tatsachen, die immer noch nicht akzeptiert werden – als utopisch angesehen werden - , denn ihre Berechtigung wird bezweifelt. Das ist bis heute so, aber der Augenblick der Anerkennung wird kommen.

So werden Ideen gesät, und die Früchte werden die Kinder unserer Kinder ernten... zum Wohle der Menschheit. In dem Maße, wie die Unwissenheit schwindet, werden sich die Lebensbedingungen bessern, außerhalb von Aberglaube und Vorurteil, und der Glaube wird reiner sein.

Wo der Idealist heute noch allein ist, sind es morgen Tausende, die den Nutzen von seinen „verrückten Ideen" haben. Für viele gelten Idealisten als Träumer, als Magier, fern von der Realität ihrer Zeit. Die Idealisten sterben für ihr Ideal, aber sie töten nicht für ihr Ideal...! Der Idealist ist nicht fanatisch, er zerstört nicht... die Idealisten sind die Avantgarde der Menschheit, sie sind ihrer Zeit voraus...

Der Idealist, der, der Träume hat, sehnt sich nach Frieden; er praktiziert Brüderlichkeit unter den Menschen. Er erahnt eine Neue Zeit für die Menschheit, ohne Waffen, ohne Heere, ohne Töten; es wird keinen Vorwand mehr zur Verteidigung geben, sondern stattdessen wird es darum gehen, die Felder zu bebauen und Vorsorge für ein besseres Leben zu treffen – für ein Leben in Fülle.

Ich bin davon überzeugt, dass sich unsere Visionen verwirklichen werden. Der Idealist sieht voraus, was geschehen muss, - die „Luftschlösser", die dann zu wirklichen Schlössern auf der Erde werden.

Heute leiden wir noch sehr, aber wenn wir schöpferisch auf eine bessere Zukunft hinwirken, werden wir das wahre Lebensziel auskosten können, trotz mancher begangener Irrtümer.

So bereiten wir die Zukunft vor. Die beste Medizin sind **Optimismus** und **Hoffnung**. Es bedarf eines festen Willens, um **Harmonie**, **Wahrheit** und **Schönheit** wiederzugewinnen. Wenn dies unsere Vision ist, dann wird unser Leben dieser Vision folgen...

All die Arbeiten, all die Pflichten unseres Lebens sollten wir voller **Begeisterung** erfüllen, voller Optimismus und **Vertrauen**. Der Erfolg verlangt uns Opfer ab, aber tun wir etwas voller Enthusiasmus, so bedeutet dies kein Opfer für uns...

Wenn wir nicht wissen, was wir suchen, können wir so viel Willenskraft hineinlegen, wie wir nur wollen, und dennoch das Ersehnte nicht erlangen; also gilt es, sich des Ziels genau bewusst zu sein und es voller Ausdauer anzustreben.

Der Charakter einer Person zeigt sich darin, in welchem Geist er seine Arbeit verrichtet: Geschieht dies mit Widerstreben und mit dem Gefühl, wie ein Sklave dazu gezwungen worden zu sein – wie kann man dann positiven Einfluss auf andere haben, wie kann man glücklich sein?

Wir müssen einsehen, dass zum Leben Arbeit gehört und dass die Natur uns nichts ohne eigenes Bemühen schenkt. Mag uns auch manches mühselig erscheinen – wir müssen es dennoch tun, um Nahrung und Kleidung zu haben.

Leben besteht in Entwicklung, im Wachsen, im Heranbilden der eigenen Fähigkeiten, - besteht darin, aus den guten oder schlechten Erfahrungen Nutzen zu ziehen, zu lernen, und dann werden wir voller Freude leben und auch Freude am Erfüllen von Aufgaben haben. So sind freudiges Arbeiten und ernsthaftes, opferbereites Bemühen die Voraussetzungen für Erfolg. Die Art der Arbeit sollte in Übereinstimmung – in Harmonie – mit dem Charakter eines Menschen sein, das heißt so geartet, dass der Beruf zur Freude wird. Dabei ist es unwichtig, ob die Arbeit von uns Bescheidenheit und Demut fordert: die geistige Einstellung gibt der Arbeit ihren Wert.

Jeder Beruf hat seine eigene Würde; wir selbst sind es, die ihm diese Würde geben; in jeder Aufgabe können wir einen Sinn finden.

Voller Verantwortungsbewusstsein müssen wir in uns die Stärke erwecken, Hindernisse zu überwinden. Gefahren und Schwierigkeiten sind es gerade, die uns dazu zwingen, die inneren Kräfte zu mobilisieren. Der Überlebensinstinkt – Selbsterhaltungstrieb – gibt unserem Willen einen Impuls, und so entdecken wir unsere verborgenen Fähigkeiten. Würden wir immer Hilfe von außen erhalten, könnten wir uns gar nicht unserer wahren Stärken bewusst werden.

Schwierigkeiten sind ein Schritt hin zu Wohlergehen. Jeder Mensch ist für sein Handeln selbst verantwortlich, für sein Leben, für die ihm Anvertrauten... In allem wirkt eine Kraft...

Ist jemand in der Position, Anderen Anweisungen zu geben, so sollte er lernen, dies im vollen Bewusstsein seiner Verantwortung zu tun. Oft ist es so, dass ein Untergebener mit seiner ihm eigenen Mentalität nicht selber mitdenkt, sondern nur die vom Chef gegebenen Anordnungen ausführt, also nicht selbständig handelt: seine Qualitäten schlafen noch... bis der richtige Moment zum Unabhängigwerden kommt.

Etwas Überragendes werden wir nur dann verwirklichen, wenn wir aus ganzem Herzen all unsere Fähigkeiten und unsere fünf Sinne dafür einsetzen. Dazu gehört der feste Entschluss, aus der Absicht die Kraft des Könnens werden zu lassen, also es nicht bei dem bloßen Wunsch zu belassen, sondern sich der eigenen Kraft vollkommen sicher zu sein – dieser Energie, die in uns konzentriert ist und uns über uns selbst hinauswachsen lässt. Der Wille ist die treibende Kraft, die die Absicht Wirklichkeit werden lässt.

Das Leben sollte nicht so verlaufen, dass wir uns abfinden mit „vielleicht", „wer weiß..." oder „mal sehen...". Die Entschlusskraft ist es, die die Entfernung zwischen dem Sagen und dem Tun überbrückt, zwischen der Absicht und der Handlung. Es ist tatsächlich möglich, das zu erreichen, was wir uns vornehmen, es sei denn, die Umstände machten dies unmöglich – dies waren meine Gedanken.

- „Das Mögliche und das Unmögliche" antwortete mein Meister – „sind Begriffe, die von der Entwicklung des Menschen abhängen, von der Geisteshaltung einer Epoche und von dem Land, in dem man lebt. Einigen erscheint etwas unmöglich, was anderen möglich erscheint. Über das Universum und seine Gesetze gibt es noch sehr viel mehr zu wissen, als uns bekannt ist; so können wir kaum das Mögliche vom Unmöglichen unterscheiden. Viele Aspekte des Lebens, die Beziehungen des Menschen zur Natur, so, wie wir diese heute verstehen, wurden in früheren Zeiten nicht akzeptiert und als falsch oder unmöglich angesehen.

So galt zum Beispiel als Wahrheit, die Erde sei eine flache Scheibe. Es stellte sich jedoch heraus, dass sie eine Kugel ist...

Wir leben in einer Welt der Relativität, in der es absolute Gesetze gibt, die wir noch nicht kennen... Bis jetzt ist es so, dass die drei höheren Fähigkeiten des Menschen: Wille, Erkenntnis und Handeln ihn zu einem harmonischen Leben befähigen, also dazu, erfolgreich und glücklich zu sein.

Diese Fähigkeiten können durch Übung erweitert werden; auch ein kleiner Wille kann bei entsprechendem Bemühen seine Begrenzungen überwinden, auch die Grenzen des physischen Organismus bis hin zu einer Stärkung der Fähigkeiten des Gehirns mit dem Ergebnis, das unmöglich Erscheinende Wirklichkeit werden zu lassen.

Das nicht Mögliche liegt nicht immer in den Dingen selbst, sondern in unseren physischen, geistigen und ethischen Beschränkungen.

Wie ich schon sagte, stärken sich unsere inneren Kräfte mit Hilfe der Erziehung und der Erfahrungen; unsere Schwächen, die uns auf unserem Weg zurückhalten, werden überwunden und wir schaffen es, unsere Möglichkeiten mehr und mehr zu erweitern, und so gibt es immer weniger Unmögliches für uns. Dennoch gilt es, mit dem Verstand das Unmögliche vom Möglichen zu unterscheiden – nicht von der Sache an sich her, sondern in Beziehung zu unseren individuellen Fähigkeiten.

Diese Haltung lässt in uns eine große innere Zufriedenheit erwachsen, eine wahrhaftige *(echte)* Zufriedenheit – nicht die eines Egoisten, der sich damit zufrieden gibt, ein materielles Problem gelöst zu haben, ohne sich Gedanken zu machen über das Wohlergehen seiner Mitmenschen. Es geht also darum, bei allen Bemühungen, bei aller Erweiterung unserer Möglichkeiten folgendes in Betracht zu ziehen: Wie wirkt sich dies auf meine Mitmenschen aus? Dient dies der Gemeinschaft?

Ist unser Handeln darauf ausgerichtet, dann erwächst in uns die rechte Zufriedenheit und die Ruhe eines Gewissens, das sich nichts vorzuwerfen braucht. Dann gibt es auch nichts zu bedauern, nichts mehr im vergangenen Leben zu beklagen – es ist vorbei – und jetzt – in der Gegenwart – können wir unser Leben von einer höheren Warte aus betrachten.

Außerdem haben wir alle einmal Fehler begangen; niemand ist frei von Schuld. Und auch der ‚Gerechte' irrt sich. Aber wir sollten deswegen nicht niedergedrückt sein und mit dem Gefühl leben, versagt zu haben. Zufriedenheit fördert die Willenskraft und damit auch unser wirkliches Können. Mit Geduld und mit der Zeit können wir diese Zufriedenheit erlangen.

Wir müssen auch aus unserem Versagen lernen; für den Erfolg ist dies notwendig. Wir sollten ein Unglück nicht als einen Schicksalsschlag ansehen, der uns vollkommen überfordert, sondern als eine Erfahrung, aus der wir lernen, ohne dabei zu verzweifeln. Wir müssen unsere negative Sichtweise überwinden und gelangen so zu Erkenntnissen und der Zufriedenheit, unser Bestmögliches getan zu haben. In Ruhe können wir dann unsere Fehler reflektieren und uns von Neuem vornehmen, diese nicht wieder zu begehen und voller Vertrauen, angstfrei, einen neuen Anfang zu wagen.

Wäre in uns noch Ängstlichkeit, so würde dies auf Unzufriedenheit mit uns selbst hinweisen. Selbstvertrauen, gepaart mit der rechten Bescheidenheit – anstelle von Furchtsamkeit – lässt uns dann mutig voranschreiten. Wenn wir uns nicht selbst vertrauen – wer sollte es dann tun?

Ein guter Rat: abends, nach des Tages Arbeit, den Tag in Ruhe zu betrachten – alles, was wir taten und was wir nicht taten, was wir dachten, was wir sprachen, worin wir uns irrten. Wir können dann den festen Vorsatz fassen, einiges zu verbessern, anderes wieder gutzumachen.

In uns erwächst dann die stille Zufriedenheit, etwas Gutes getan zu haben. Festen Schrittes können wir dann unseren Weg erfolgreich weitergehen. Wir werden in uns mehr Kraft haben, unsere Fähigkeiten zu vervollkommnen, um unsere höheren Ideale zu verwirklichen.

Dies bedeutet, dass wir uns immer weiter entwickeln. Wichtiger als alles Vorwärtskommen im Beruf ist unser Voranschreiten auf unserem Lebensweg – als Mensch – im umfassendsten Sinne des Wortes.

Unser Weg sollte klar und rein sein. Was wir öffentlich oder im Stillen tun: Immer sollte es das Siegel der Klarheit und Reinheit tragen.

Der Mensch sollte sich so geben, wie er in Wahrheit ist...: immer auf dem Weg zur Vervollkommnung mit dem Mut zu Neuem und Besserem. Dabei kann er durchaus auch von anderen etwas übernehmen, die sich aus anderen Quellen speisen. Etwas übernehmen bedeutet nicht, etwas zu kopieren oder nachzuahmen; es bedeutet, von anderen zu lernen, die einen ähnlichen Lebensweg beschreiten und für uns ein Beispiel sein können, da sie Mut und Klarheit in schwierigen Situationen bewiesen haben und dabei von innerer Kraft und Frieden geleitet waren. Ohne die eigene Persönlichkeit aufzugeben, kann in diesem Sinne das Leben anderer uns ein Vorbild sein.

Tu alles, was du tust, mit Liebe, und du wirst dir einen wundervollen Lebensraum schaffen. Die Liebe wird aus dir ausstrahlen... Liebe lässt dich kreativ sein: Du entscheidest, wie und wo du leben willst – das heißt in Freude oder Traurigkeit. So schaffst du dir deine eigene Welt."

Die Worte meines Meisters weckten in mir wieder Glauben, Glücklichsein, Optimismus und Hoffnung. Er sagt alles mit so viel Wärme und so selbstverständlich, dass sich das Blut im Körper mit einer besonderen Wärme füllt... einer Wärme, die Sicherheit und Gewissheit vermittelt – und Vertrauen in das, was möglich ist, wenn wir es uns vornehmen.

Seine Worte gehen weit über das hinaus, was ich in Vorträgen hörte und wo ich die Worte auch als hilfreich und wohltuend empfunden hatte.

Befinden wir uns für einige Zeit in einer geistigen Gemeinschaft und erfreuen uns der Atmosphäre des Friedens – wenn wir dann klar und bewusst fühlen, auf einem guten Weg zu sein, dann spüren wir, dass das Leben einen anderen Sinn bekommt. Dies gibt uns einen Impuls, uns um mehr Geduld zu bemühen, mehr Herr unserer selbst zu sein, mit einem Worte: weiser zu sein.

Und all dies schenkt uns auch tiefgehende Begeisterung... aber was geschieht, wenn wir in die „normale Gesellschaft" zurückkehren? – Wenn wir wieder unsere üblichen Tätigkeiten und täglichen Verantwortlichkeiten aufnehmen in einer Welt, die sich von der in dem „Retiro" – dem Ort der Zurückgezogenheit, der inneren Einkehr, der Stille – unterscheidet?

Natürlich beginnt dann wieder eine Art „normalen Lebens" mit beruflichen Begegnungen; die Freunde sind die selben, und vielleicht verblasst nach und nach, was wir gehört, gelernt und verstanden hatten während jener „schönen Zeit". Vielleicht nehmen wir die alten Gewohnheiten wieder auf, und vielleicht erscheint uns manches von dem Erfahrenen auch schon „gar nicht mehr so wichtig". Vielleicht scheuen wir uns, mit Freunden und Bekannten über diese Erfahrungen zu sprechen...

Wie auch immer – sicherlich hat sich in uns auf jeden Fall dennoch etwas verändert. Wir haben etwas erkannt, etwas in uns aufgenommen – vielleicht bedarf es noch einigen Bemühens, das Gehörte zu verinnerlichen und sich im Leben auswirken zu lassen.

Wir werden uns dann langsam unserer eigenen Veränderung bewusst. Welche Lebensumstände wir auch haben mögen, mit welcher Art von Menschen wir auch zusammen sein mögen, wir werden davon unabhängig und gewinnen die Freiheit, zielstrebig unseren eigenen, als richtig erkannten Weg zu gehen.

Immer wird dann das Licht uns die nötige Klarheit schenken für unseren Erkenntnisweg – unseren Weg zu Höherem.

Ein Meister – ein Weiser – so wie mein Meister Amaru Cusi Yupanqui – wird selbst nicht Wunder in unserem Leben bewirken. Ein Meister dient unserer Entwicklung; der innere Wandel hängt von uns selbst ab.

Die Gegenwart des Meisters bewirkt nicht von sich aus unser Voranschreiten: Es sind unsere eigene Bereitschaft und unser Bemühen dazu erforderlich.

Möge das innere Licht
durch uns in die Welt strahlen.